田中二郎
TANAKA Jiro

ブッシュマンの民話

京都大学学術出版会

ナイジェリア
中央アフリカ共和国
南スーダン
エチオピア
カメルーン
マラボ
ヤウンデ
バンギ
ジュバ
ソマリア
ウガンダ
モガディシュ
赤道ギニア
コンゴ共和国
ケニア
サントメ
ガボン
ルワンダ
ナイロビ
ブラザビル
コンゴ民主共和国
ブジュンブラ
キンシャサ
ギニア湾
タンザニア
ドドマ
ルアンダ
モロニ
アンゴラ
マラウイ
ザンビア
ルサカ
ハラーレ
アンタナナリボ
ジンバブウェ
ナミビア
ボツワナ
マダガスカル
モザンビーク
ウィントフック
ハボローネ
マプト
カラハリ砂漠
プレトリア
スワジランド
ヨハネスブルグ
レソト
南アフリカ共和国
ケープタウン
0
500
1000
1500
2000km
アフリカ地図

まえがき

私は一九六六年から半世紀近くにわたって狩猟採集民ブッシュマンの住むカラハリ砂漠へ通い、彼らの生活や社会行動などの調査を行なってきた。本書は、一九八〇年代、一九九〇年代に調査の合間をぬってブッシュマンたちが語る民話をテープレコーダーで録音し、それを起こして日本語に翻訳したものである。

一九八二年以来ブッシュマン調査に参加してくれた菅原和孝さん（京都大学霊長類研究所大学院を出て当時は北海道大学文学部助手、京都大学総合人間学部へ転任、現在は京都大学名誉教授）は人びとの行動、会話分析に精力を尽くしたが、のちには動物、とくに鳥類にかかわる物語をも多く収集し（菅原一九九九、二〇一五）、一部を参考にさせていただいている。

ブッシュマンの語るお話をより良く理解していただくために、まずはじめに人びとが暮らしているカラハリ砂漠の自然と人びとの生活を簡単に説明しておきたいと思う。

南部アフリカのボツワナ西半分およびナミビア東部は標高一〇〇〇〜一一〇〇メートルの平坦な盆地で、全土がカラハリ・サンドと呼ばれる細かい砂で覆われている。雨量はきわめて少なく、年間降水量一〇〇〜七〇〇ミリ、平均約四〇〇ミリ程度なので正確には半砂漠で、イネ科の草、背丈一メートルほどの灌木が混じる平原となっているのだが、ふつうカラハリ砂漠と呼びならわされている。ところどころにアカシアやロンコカルプスなどの一〇メートルほどになる木がみられる程度で、東西に七〇〇キロメートル、南北に一〇〇〇キロメートルにわたって誠にまっ平らな見通しの良い大平原が広がっている。

子供たちは寝転んだりしながら、お年寄りが語る民話を聞く

カラハリ砂漠の一年は九月ごろの暑く乾いた春にはじまり、一二月ごろから三月ぐらいまでの真夏の雨季、そして四、五月のもっとも過ごしやすい実りの秋を経て、毎朝霜を見るような冬となり八月まで続く。

この地に住むブッシュマンは南部アフリカに初めて住み着いた原住民で、起源はよくわかっていないが、四、五万年前には住んでいたと考えられ、五世紀のころに農牧を行なうバントゥ諸族が南下してくる以前には、ザンベジ川、オカバンゴ川以南の南部アフリカ全域に分布していて、ジンバブウェ、モザンビーク、南アフリカ、レソト、スワジランド、ボツワナ、ナミビア、アンゴラ南部の各所には彼らが描いたと思われる古い岩壁画が多く遺されている。

ブッシュマンの一部は彼らの分布域の北東端にあたるザンビアとの国境付近で牧畜を行なうバントゥから家畜飼育の技術や社会

カラハリ草原

組織の一部をとりいれてホッテントットといわれるようになり、南下しさらに西へと分布を広げていったらしい。詳しくはわからないが、おそらく二〇〇〇年前ぐらいのことだったと考えられている。ホッテントット（コイコイ）もブッシュマンと同じく舌を上顎の後部から側面、上歯茎、そして歯の裏側に強く押しつけて、息を吸いながら舌を離す吸打音ともいわれる舌打ちのような子音を頻繁にまじえるクリック言語を話すので、彼らが自らを自称するコイコイと彼らがブッシュマンを他称（より正しくは蔑称）するサンを合わせて、両者をコイサン語族と呼ぶことになっている。

一五世紀ごろからバントゥ諸族が北方から南下してきて、コイサン人たちを圧迫しはじめ、さらに一七世紀にはオランダがアジア貿易の中継地としてケープ岬を植民して以来は、コイサン人たちの後退の歴史はますます加速していった。北上する白人入植者たちと北東部から南下するバントゥ黒人の両方から圧迫されたコイサン諸族は壊滅状態に追いこまれ、ブッシュマンはかろうじて居住環境の厳しいカラハリ砂漠に約一〇万人が生き残るばかりとなり、コイコイ（ホッテントット）の方も白人と混血してカラードとなった例もあるが、純血のコイコイはナミビア南部に約二万人が生き残りを得たにすぎない。

カラハリ・ブッシュマンの狩猟採集生活

二〇世紀半ばまでに大半のブッシュマンは白人農牧場やバントゥ農牧の村に依存して暮らすようになった

が、そうした農牧地から隔離されて狩猟採集で自給自足の生活を送る人びとが当時はまだ五〇〇〇人ほどは残っていた。私がブッシュマンと一緒に暮らしながら生活や行動、文化、社会の調査を行なっていたセントラル・カラハリ・ゲーム・リザーブ（中央カラハリ動物保護区、xiv頁図参照）の中には一〇〇〇人ばかりの人びとが狩猟と採集の移動生活を送っていた。お話の中に登場する動物や植物はピーシツォワゴ（創造主《カミサマ》）も含めて、絶えず人間の姿になり、人と同じようにふるまうことが多いので、人びとの生活ぶりをあらかじめ知っておいてもらえば、お話に登場する動物たちのふるまいもよりよく理解できるだろうと思うので、以下に簡単に人びとの狩猟と採集の移動生活を書いておくことにする。

狩猟や採集に出かけようとしているところ。中央の2本の棒はトビウサギ猟のための鉤竿

ブッシュマンは野生動物の狩猟と植物採集という一〇〇パーセント自然にのみ依存した生活を送っているので、絶えず食べ物のある場所を求めて移動する必要がある。数日から長くとも三、四週間暮らせば付近には主食になる植物もなくなるので、一〇キロから二〇キロも離れたところへ移り住まなければならない。そうした短期間のキャンプ地をお話の中ではわかりやすいように村と呼ぶことにしているが、正確には数十人ぐらいの一時的な居住地なのである。

コム（*Grewia flava*）の実（第1話）やナンテ（*Bauhinia petersiana*）の豆（第23話）、カーン・メロンやスイカを採集し（第1話）、オムツェ（*Cucumis kalahariensis*）やカー（*Coccinia rehmannii*）の根っこを掘る（第19、24話）、など重要な主食植物を採集している写真はお話の中で紹介しようと思っているので、ここでは狩りの様子をいくつか写真で紹介しておくにとどめておく。

朝起きると狩人である成年男子は狩猟具入れの皮袋に弓矢、槍、掘り棒、火おこし棒などを入れて肩に担ぎ、めいめい別の方角へと獲物を探しに行く。四メートルもある竿には先に鉤がつけてあって、トビウサギ狩りをしようとする人はこれをもっていく。

狩人は年の大半暑い炎天下、そして六月、七月、八月前半の氷点下にまで下がる寒い日にも、一日中歩きまわってなお獲物の動物が見つからないことが多く、またたとえ見つけたとしてもうまく忍び寄って毒矢を射かけ、幸運にして命中させることができるのはめったにあることではない。弓矢でゲムズボックやエランド、ハーテビースト、ましてやキリンのような大物が獲れるのは平均五〇人ぐらいの一キャンプあたりに換算しても一か月に一頭ていどに過ぎない。そして成功のあかつきには最後にこれを解体して居住地まで二〇キロもあるいはそれ以上運んで帰らなければならない重労働が待ちかまえている。

こうした大きな獲物が獲れ、大量の肉が手に入るとキャンプに居合わせる全員に分配され、みなが大好物の肉に舌つづみを打って幸せのひと時を過ごす。狩りの踊りでもあるゲムズボック・ダンス（第2話）がはじまり、夜を徹して踊り続けることすら稀ではない。この踊りは最大の娯楽であると同時に、病人を癒し、キャンプじゅうから悪霊を取り去り、人びとの世界に平安と安寧をもたらす宗教的といってよい治療のダンスでもある。

見晴らしの良いカラハリの平原で獲物に気づかれぬよう近づいて弓矢猟を行なうのに比べれば日中は巣穴の中にじっと休んでいるトビウサギを鉤竿で引っかけたり、通り道を頻繁に行き来するスティーンボックやダイカーのような小動物の獣道に罠を仕かけておく待ちの猟法の方が成功する確率はうんと高い。罠猟だと週に一、二頭を仕留めることができるし、トビウサギ猟なら、穴の入り口に真新しい足跡があるかど

ゲムズボック狩り。追い詰めたゲムズボックに毒矢を放つ

キリン狩り

獲物の肉の分配。料理をしてから居合わせる人々に分配するところ

跳ね罠でスティーンボックを捕まえる。手近の丸太で首根っこを叩き仕とめる

トビウサギ狩り。鉤竿で巣穴の中のトビウサギを引っ掛け、真上から掘り下げて捕らえる。首根っこを叩いて仕とめる

うかを丹念に探っていけば、捕獲効率はきわめて高い。ただし、スティーンボックで一〇キログラム、トビウサギだと二、三キログラムの大きさなので、キャンプじゅうで皆に分配してまわることはできず、身近な親戚や親しい友人、知人の間でこじんまりと食べることしかできないのである。

男性の狩人は出かければ一日中歩きまわって獲物の動物がいないか探さなければならない重労働であるが、そんな弓矢猟はそう毎日続けることはできず、二、三日は家でゴロゴロしていたり、道具の手入れをしたりするだけである。それに比べると主食となる植物の食べ物を手に入れなければならない女性は、毎日三時間ほどは出かけて植物性食物や薪の採集に精出さなければならない。男女ともに平均すると一人一日に三、四時間の外出労働をしている計算になることがわかった。

狩猟採集の生活では食物を求めて絶えず移動する。世帯道具は一度に背負える量に限られる。集団は10人からせいぜい50人

獲物の肉を担いで帰る狩人たち

本書の構成

お年寄りが民話や創造主ピーシツォワゴにまつわるお話を語りだすと、子どもも大人も一緒になって聞き入る

この世のすべてのものを創造したものをカミサマと呼ぶことにすると（精霊とでも呼んだ方がよいのかむずかしいところなのであるが）、お話の中では常にピーシツォワゴと呼ばれているこの創造主《カミサマ》がおり、このピーシツォワゴが登場する神話ともいえるお話が九話ある。これを第1章「神話——ピーシツォワゴ（創造主《カミサマ》）が登場するお話」とした。

第2章「寓話——動物や植物についてのおとぎ話」はいわゆる寓話であり、彼らが身近に付き合っている動物たち、あるいは希に植物も登場するのであるが、そうした動植物のそれぞれの特徴をとらえながら、楽しく子どもたちや仲間たちに聞かせるお話で、一一話ある。

第3章「怪談——殺人鬼や怪物などのお話」には殺人などを含む怪談六話を載せている。動物の狩猟と植物採集によって生活を営んでいるブッシュマンにとって、獲物の動物を殺すことは生活のための必須の行動であり、人に変身した動物が同胞の獲物を刺し殺したり、絞め殺したり、あるいは殴って怪我をさせたりするのは容易に考えられることである。口が首の後ろにある怪物や架空の動物と思われるものも登場する。

最後の第4章「近年導入された民話――近隣民族から借用したお話」は、白人農場ができたり、自動車修理工場ができたりしてからの、新しいお話が二編、そして他所のブッシュマン・グループのお話には決して登場せず、バントゥ系のツワナ人から入ってきたクモの登場するお話を合わせて三話の、他民族からの借用と考えられるお話を載せた。アフリカの民話に出てくるトリックスター（いたずら者、道化、ペテン師）の代表はウサギとハイエナとクモであるが、ブッシュマンには不思議にクモの出てくるお話はないのである。私の調査したセントラル・カラハリ・ゲーム・リザーブに住むガナ（G//ana）とグイ（G/ui）という近縁の言葉を話す人びとだけがクモの登場するお話を一つだけもっていたのである。

定住化、近代化による変貌

ボツワナ、ナミビア両政府の方針によって、二〇世紀後半にいたって次つぎと定住化、近代化政策が導入され、世紀末には定住生活がほぼ定着したかのようである。しかし定住地に何百人もが集住するようになると、たちまち食糧不足が深刻な問題となる。広大な範囲を移動することによってのみ野生の動植物に依存する狩猟採集の生活は成りたっていたのである。政府はトウモロコシ粉や植物性オイルを定期的に配給し、ヤギと牛と鶏を配布し、トウモロコシやモロコシ、ササゲなどの農耕を奨励している。道路工事や建築工事に人びとを雇いあげて現金経済への道をも開いていった。人びとの中には観光事業にたずさわる者も出てきているが、しっかりした生業基盤のないこの地において、生活を支えるだけの収入を得るにはほど遠く、大きく配給等々政府に依存する体質からの脱却はまだ当分むずかしいようである。

すでに述べたように、私が何人かの調査助手（「あとがき」参照）から聞き取って本書に載せた民話は四章で計二九話である。ブッシュマンたちが語るお話にもっとも多く登場するのはいうまでもなく動物たちである。狩猟と採集の生活を送るブッシュマンにとって、獲物の動物やおいしい木の実、水分の供給源となるメロン、スイカ、根っこ、よい日陰となり料理用の薪となるアカシアの大木はもっとも重要なものであり、お話の主人公やわき役としてしょっちゅう出てくるのは当然のことであろう。

半人半獣像の壁画

ブッシュマンにとってカラハリの自然、動物や植物はもちろん、焼けつくような熱い太陽、凍える冬の冷たい風、闇夜を明るく照らす月や星、これらすべてを作ったのはガマ（//gama）と呼ばれる精霊かカミサマなのであり、このガマはお話の世界ではピーシツォワゴ（piisi/owago）と呼ばれている。ツォワゴは小さいものを表す接尾辞であり、民話に登場するすべての動物は、ギューツォワゴ（エランド）、ツォウツォワゴ（ゲムズボック）、ハムツォワゴ（ライオン）、ヌーツアツォワゴ（ハイエナ）、カネツォワゴ（ホロホロチョウ）、グアエネツォワゴ（ムクドリ）のように語られる。

いずれの動物も人間の姿をしており、場面に応じて獣や鳥の姿に変身し、その習性を顕現する。

ピーシツォワゴも普段は人間の姿をしているが、ときに動物や植物に変身して登場する。ピーシツォワゴが出てくるお話はたいてい動物や草や木、太陽、月、星、平原の中に変化を与える川筋など、この世がどうしてできたのかといった創世神話である場合が多い。

テープに録音することはできなかったので正確には復元できないのであるが、記憶している範囲で彼らの平坦な居住地の地形に大きな変化を与えている太古の川筋や窪地について触れておくことにしたい（次頁図参照）。

この干上がった川筋の本流は川幅が五〇メートルから一〇〇メートルもあり、深さは三メートルから、ときには一〇メートルにも及び、深い砂ばかりの河床からなっている。人びとはこの川のことを単にツァー（谷筋の意）と呼んでいるが、地形図にも書かれているように今ではオクワ川と呼ばれるようになっている。このオクワ川に支流のような形で固く白っぽい石灰岩質の河床が何本も合流しており、この支流はモラポと呼ばれる。周りにはパンと呼ばれる、やはり石灰岩質の固い土からなる平らな窪地が散在している。

上空から見たカラハリ。モラポ（涸れ沢）が横に走っている

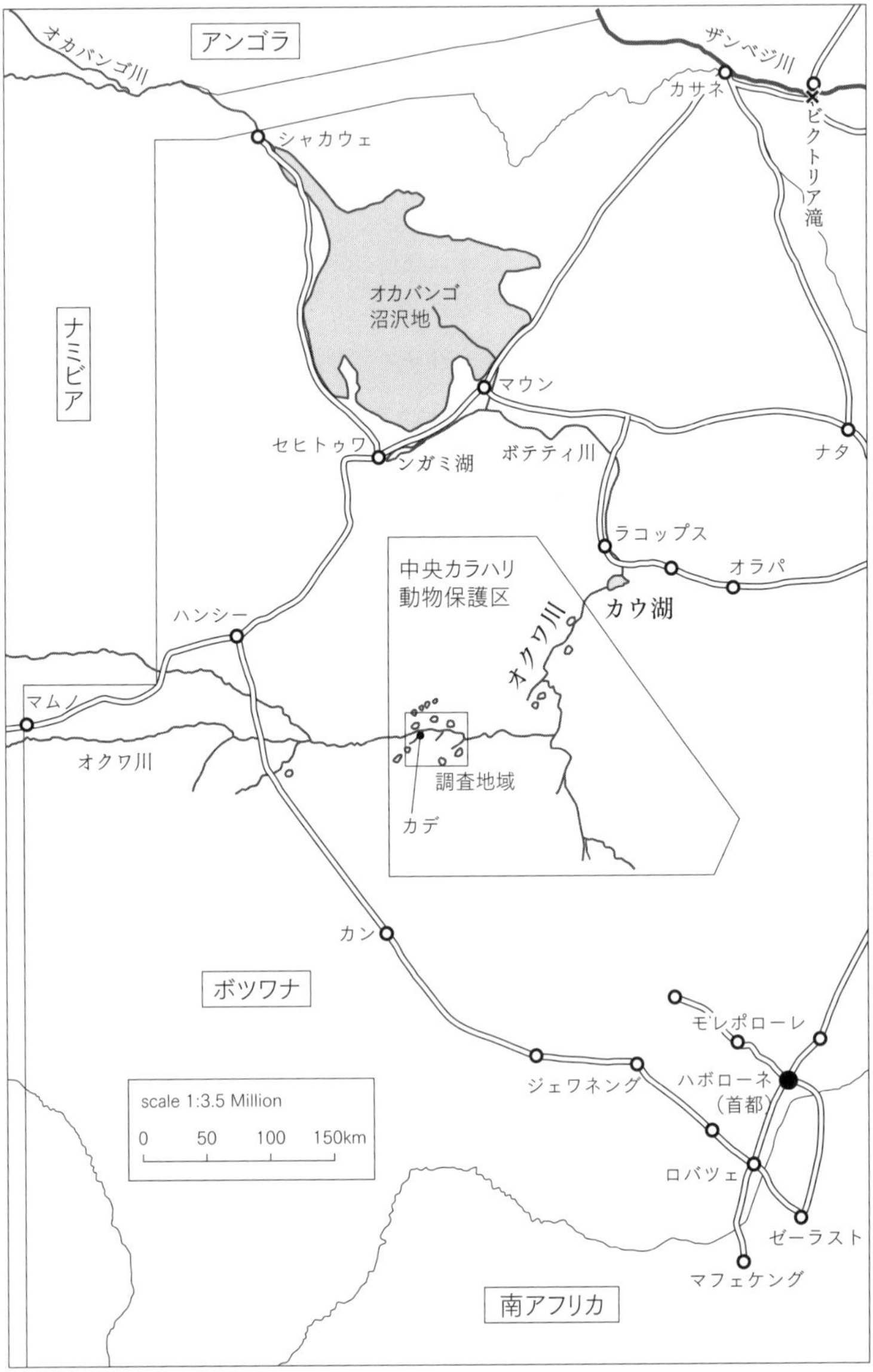

ボツワナ中西部からナミビア北東部にかけてのカラハリ砂漠

このどこまでも平たんな草原（低い灌木が入り混じっているので、南アフリカの人びとは普通ブッシュフェルトと呼んでいる。日本語では叢原と呼ぶのがふさわしいかもしれない）の中にどのようにしてオクワ川のツァーやモラポやパンが出来たのか？　人びとはお話の中でこのように説明している。

ある日のこと、とてつもない大男のピーシツォワゴが狩りに出かけて原野（ブッシュフェルト）を歩いていたら、パッフアダー[★1]が突然あらわれていきなり金玉に噛みつかれた。

ガエ　ツァム　プググ　（ガエ g/ae が猛毒をもった蛇、パッフアダーであるが、他は歌の調子を合わせる音声でとくに意味はない）
ポン　ツァム　プググ
ガエ　ツァム　プググ
ポン　ツァム　プググ
ガエ　ツァム　プググ

草叢のなかに潜んでいた猛毒の蛇、ガエツォワゴ（g/ae/owago）が彼の睾丸に噛みついたのである。がぶりと強く噛みつかれ、ウワー、痛い、痛い、イタタタ、と足を引きずりながら、

ガエ　ツァム　プググ

★1　シルバーバウアー（Silberbauer 1965）によれば、ニシキヘビに噛まれたとなっている

ポン　ツァム　プググ
ガエ　ツァム　プググ
ポン　ツァム　プググ

激痛におそわれて呻き声になりながらも、なお歌いつづけ足を引きずって歩いた。せめて水を飲みたいと思いながら、あちらへ行き、またこちらへも行った。行きつ戻りつしながら歩いていった。

彼が足を引きずっていった跡がモラポとなり、水を作って飲んだところがパンとなった。巨人のピーシツォワゴが毒蛇に噛まれて激痛のためのたうち回りながら進んでいった跡が本流のオクワ川となり、セントラル・カラハリを西から東へと二〇〇キロほど行き、そこから一旦は南へと行ってみたが、戻って逆に北に向かってさらに一〇〇キロほど歩いて、ようやくオカバンゴ川の末端に位置するカウ湖に達し、水の中にドボンと飛びこんでそこでワニになったのだといわれている。

洪積世の時代、百何十万年もの昔、地球は氷河時代を経験し、アフリカでも大洪水が続いていた時期があったなど、ブッシュマンには想像もできないことである。人知の及ばないこうした現象はすべてピーシツォワゴのなせる業であったと考えるのが妥当であろう。

こうしたオクワ川、モラポ、パンの周辺は、他の平原部のブッシュフェルトと違って、植生が豊かで変化があり、彼らの主食となる植物性の食物や日陰となり薪となるアカシアの疎林もあるので重要な場所であり、そのようなところをブッシュマンたちは移動生活の中心としている。

狩猟の対象となる動物は移動性が高くうろつきまわるので、人びとの移動を決める要因とはなりにくい。

アカシアの疎林に作られた小屋。短期間だけ住む村

ブッシュマンは狩猟民と言われるとおり、狩りの獲物となる動物の肉は大好物で、「肉こそがわれわれの食べ物だ」というのであるが、じつは彼らの幼稚な弓矢（猛毒の甲虫の蛹を塗った毒矢を用いる）では狩猟の効率はさして高くない。

私が計測したかぎりでは、季節ごとに必要量が確実に手に入る植物性の食べ物が主食となっており、摂取カロリーの八〇パーセントは植物に依存して生活していたのである。人びとは動物の肉を好みとし、そのために男はもっぱら狩りに専念するが、先述の通り丸一日歩きまわってもたいていの日には手ぶらで帰ってくることになり、大きなレイヨウ類（ウシ科カモシカの仲間）などが仕留められるのは、平均五〇人ぐらいのグループで一か月に一度ていどであり、とても主食として当てにできるものではない。川筋やパンの周辺の食物の豊富なところで、女性が採集してくる植物の実、葉、茎、根などの食べ物が彼らの生活の基盤となっているのである。短い雨季の間にまれに降る雨で、パンに水たまりができるとき以外には水は全くないので、必要な水分はスイカ、メロン、草の根などに完全に依存している。

そんな厳しい自然の中でブッシュマンたちが動物や植物と一体になって暮らしているさまを思い描きながら、彼らの語る民話を楽しんで読んでいただきたい。あえて語りのまま訳したので、読みとりづらい部

野生のスイカ(*Citrullus lanatus*)。甘くはないが水分たっぷりなので、重要な水源である

雨の多かった年に大豊作となる

分もあるが、ご了承をお願いしたく思う。やがては忘れ去られ、消滅してしまうかもしれない彼らの民話を一部だけに過ぎないけれど、何とか文字情報として書き残すことができ、長年お付き合いしてきた人びとの昔の姿を世に残せることは私自身とてもうれしいことである。このあと、何とかしてこれを英語に訳しなおし、現地のブッシュマンたちの文化遺産としてもらい、世界の人びとにも紹介したいと思っている。

＊本書の本文中には、二次元コード（ＱＲコード）が付されています。インターネットに接続されたスマートフォンやタブレットなどでコードを読み取ってサイトにアクセスすると、ブッシュマンたちが語る民話の音声を聞くことができます。

＊撮影者・提供者の記載のない写真は、すべて著者の撮影になります。

目次

第2章 寓話

——動物や植物についてのおとぎ話……093

第3章 怪談

——殺人鬼や怪物などのお話……187

第4章　近年導入された民話

第1章

神話

ピーシツォワゴ（創造主《カミサマ》）が
登場するお話

Story. 1

ダチョウの火を盗む

ピーシツォワゴは火をもっていなかった。
むかし人びとは誰も火を知らず、もってなかったのである。
ゼロツォワゴ（ダチョウ）だけが火をもっていた。
だからダチョウは料理して、なんでも煮えたもの、焼けたものを食べていた。
ダチョウだけが火をもっていたのである。
ピーシツォワゴはカーン[★1]などでも、採ってきたまま生で食べていた。
カーンを生のまま、ピーシツォワゴは食べていたのである。
ダチョウだけが火をもっていた。

★1　やや細長い球形をした棘のあるメロンで、有毒のアルカロイドが含まれており、生で食べると苦くて不味いし有害でさえある

彼はある日、ダチョウと出会った。
いいですか？　それで彼は火を見つけたのだ。
ダチョウのところの村では、カーンの殻が転がっていた。
すなわち、村の真ん中で、彼らは蒸し焼きにしたのを食べていたのだ。

だから殻が転がっていたのだ。

「アエ、おまえ、ダチョウの奴め、火をもっている。料理してある。こいつの村ではカーンが焼いてある。食べて、その殻が転がっている。どこへ行ったら火があるのだろう」

こういって探した。

探しているうちに、出会ったのである。

2人は挨拶をかわし、近況をあれこれと話し合った。

ピーシツォワゴはすでに以前ダチョウが火をもっているのを見たことがあった。

カーン・メロン（*Acanthosicyos naudiniana*）

そのことはさっきも言ったね。

「アイ、こいつめ火をもっている。鳥のくせに火をもっている」

そう言って、彼は火を探していたのだ。

火を探しながら行って、彼は甘い実のなるコムの木[★2]の林を見つけた。

ここには背の高い木も、背の低い木も茂っていた。

背の高いのも、背の低いのも、コムの実は熟していた。


彼は家に帰ってきた。

「ねえ」彼は帰って、彼は帰ってきて寝た。そして彼は2人の妻たちに言った。

★2 甘くておいしい実がなるカラハリの重要な植物で、好んで食べられる。解説（11頁）参照

「なんとしてもコムの実を俺は摘みに行くぞ。あいつめ、火をもっている。俺はきっと、あいつと2人でコムを摘んで食べるんだ。彼、ダチョウが背の高い茂みの枝をたわめようと手をのばしたら、俺は奴の脇の下から火をとってやろう。

われわれはコムを摘んで食べに行くのだ。

そこで、われわれは火をもって帰り、そして火を焚こう。カーンと一緒に。カーンを火の中に入れて料理しよう」

そう言った。

「火をもって帰ってきてカーンを焼いて食べよう。あいつがやっているように肉も料理して食べよう。

生でばかり食べていると、毒のせいで尻の穴がただれて皮がむけてしまうから。舌の皮もずるむけになってしまうから。

われわれの舌の皮はただれてずるむけになるから、エ、そうだろう」といった。

彼はこのように2人の妻にいった。

彼ら3人は眠り、翌日彼はダチョウを探しに出かけた。

そして2人は出会った。

「オー、ようやく見つけた」

カーンを熾火と灰の中に埋めて蒸し焼きにする

★3 解説（12頁）参照

彼は来る前に、まるで忍者のマキビシのようなライオンゴロシ[★3]のトゲを拾っていった。

それを胸に抱えていって、ばらまいておいたのだ。

ばらまきながら歩いていって、それから彼、ダチョウのところに着いた。

彼は、「あっちでコムを、俺は見つけたぞ。コムがよく実っているのを見たぞ。コムは熟れていた。あっちで熟れていた。こんなふうに大きなのがいっぱいなっていたぞ」

といった。

２人はうなずきあって、そのコムのところへ行った。

着いて、２人はコムを食べた。

背が低い木に、よく熟れている実を食べた。どんどん食べた。

それはなくなった。

背の高い木のが残った。あっちの背の高いのだけが残った。

高い木に、実が。このくらい背の高い木だけに実が残っていた。

彼、ピーシツォワゴはダチョウに言った。

「兄貴、おまえは背が高いし腕も長い。俺の腕は短くてとても届かん。おまえの長い腕をまっすぐに伸ばしてつかめ、枝を手繰りおろしてくれ」といった。

「俺は背が低いから」といった。

ダチョウは嫌がった。火を盗られるのを恐れて拒んだのだ。

彼はだから腕をこんなふうにすぼめて、そっと伸ばした。

「兄貴、そんなんじゃ駄目だ。見ろ、おれは背が低いし、腕も短いからあそこまで届かんのだよ。

ほれ、おまえの腕を伸ばして、あの実のたわわになっているやつを食べよう」といった。

ダチョウは、彼、ダチョウは、大きくたくましいとおだてられ、つい一瞬のあいだ火のことを忘れて、腕をまっすぐに伸ばし翼をひろげた。

彼は翼をひろげた。

そこで、彼が枝をつかんでコムの実をとろうとしているところを、ピーシツォワゴは彼の脇の下から火をかすめとった。

火をつかみ、身をひるがえしてとんで逃げたので、ダチョウは急いで捕まえようと追った。

「ゼロツォワゴ　エー（ダチョウよ）」

ピーシツォワゴは歌いながら逃げた。

ゼロパンポン　ブロパンポン、　ゼロパンポン　ブロパンポン、　ゼロパンポン　ブ

ロパンポン

そう歌って、曲がりくねりながら逃げた。
ライオンゴロシの大きなトゲがまき散らしてあるところを選んで、
曲がりくねりながら走った。

ブレパンポン　ピリパンポン、　ブレパンポン　ピリパンポン、　ブレパンポン　ピリパンポン

彼は歌った。

ジグザグに逃げているので、追いつかれそうになりながら、
それでも曲がりくねりながら走っていった。

そうこうしていると、トゲがカプッとダチョウの足にからまった。

ピーシツォワゴのあとを走っていたそいつは、足をトゲにとられて、もんどり打ってつんのめり、ひっくり返った。

彼の足は裂けた。

彼は足が裂けてこんなふうに指が2本になった。元は、彼の足指も5本あったのだ。

ピーシツォワゴは火をもって逃げた。
どんどん走って、砂丘の上にたどりついた。
そして言った。
「あっちへ行ってしまえ。おまえなんか人間じゃないのだから。
おまえは本物の人間ではないのだから。おまえは鳥なんだから。
あっちへ行け。火なんかもってることはないんだから」
彼はそう言い、2人はしばしことばの応酬をかわしたあと、彼、ダチョウは行った。
彼は血をだらだら流しながら帰った。走って帰った。

彼、ピーシツォワゴは丘の上に着くと、火を砂の大地にたたきつけた。
そして言った。「行け。ずっと行って、あの木のあるところまで行って燃えろ」
火はとんでいき、木に燃え移って、そこらじゅうの木が燃えだした。
「俺たちは、火でなんでも料理して食べるぞ」といった。
ダチョウは人でないから、火をもっていたが、われわれにくれた。
彼は火をもって帰って、女たちにわたし、カーンを料理して食べた。
彼はダチョウに言った。
「あっちへ行って卵でも産んでろ。
グーハオの水溜りにあるアカシアのうしろに巣を作って。

あした、卵をとりに行って、灰の中に入れて料理して食べてやるから」といった。

彼は女たちに火をわたし、火を焚いてカーンを料理して食べた。

彼が言ったとおり、ダチョウは卵を産んだ。

そいつは卵を産んで、鳴いた。朝早く鳴いた。

ピーシツォワゴは言った。彼は妻たちに向かって言った。

「俺は、じゃあ、ダチョウの卵をとりに行ってくる。あいつ鳴いていたから」

彼は立ちあがり、運搬用のネットをもつとまっすぐに進んで行った。

そうなんだ、あいつの鳴いている方へと出かけていった。

着くと、彼は卵をとりあげた。ダチョウのやつを。次々ととりあげ、ネットの中へ入れていった。

それを担いで、夕方、日没のころに帰ってきた。

そして、彼らはみんなでそれを火で料理して食べたのである。


人びとが昔々どのようにして火を手に入れたのかというお話である。

【解説】

造物主ピーシツォワゴにまつわる神話のひとつで、カミサマがダチョウから火を取り上げて人間にもたらしたエピソードと、ダチョウの足の指が二本になった理由が躍動感たっぷりに語られている。私と同年配で当時四五才ぐらいだった狩りにたけた男性が、子どもたちがたむろしていたところで語ってくれた物語である。

この物語に登場するカーンは英名でゲムズボック・キューカンバー（*Acanthosicyos naudinianus*）と呼ばれる棘のあるメロンで、カラハリ砂漠のブッシュフェルトに広く自生し、雨季になるといち早く花を咲かせ実をならして現地の人びとの重要な水、食料源となっている。有毒のアルカロイドが含まれており、生で食べると苦くてまずいし有害でさえある。ピーシツォワゴはカーンを生で食べていると、「舌の皮がずるむけになってしまうし、尻の穴がただれて皮がむける」といっているが、おそらくそんな毒が含まれているのであろう。大きな焚火をたいて穴を掘り、その穴の中へ熱く焼けた砂と熾火と一緒にカーンを混ぜ入れて一時間ほど埋め込んでおくと、うまく蒸し焼きになり、苦みも毒も消えておいしく食べられるようになる。ヨーロッパ人がやってきて鉄鍋の入ってくる前には、ブッシュマンたちは砂を巧みに使って料理をしていた（5頁写真）。

カーンとスイカは一二月の雨季以降何か月にもわたって主食となり、めったに水のないカラハリでは重要な水資源となる。スイカの方は糖度は非常に低いが、生のままでも食べられるので、狩猟や採集の途中でものどの渇きを癒すことができる。

ピーシツォワゴがダチョウをだますための餌として利用したコムは、シナノキ科の*Grewia flava*という二メートルぐらいになる灌木である。直径八ミリほどの丸くて甘い果実がなり、種の部分が大きいが、果糖を多く含んでいて甘いので好まれる。雨季の実りの季節には集中的に利用され、雨水が手に入れば酒作りのための貴重な原料となる。コムの木はアカシアとならんでブッシュマン民話の大切な脇役の一人である（写真は次の「ドゥロンゴの知恵」に載せている、22頁）。

ライオンゴロシ（*Harpagophytum precumbens*）は南部

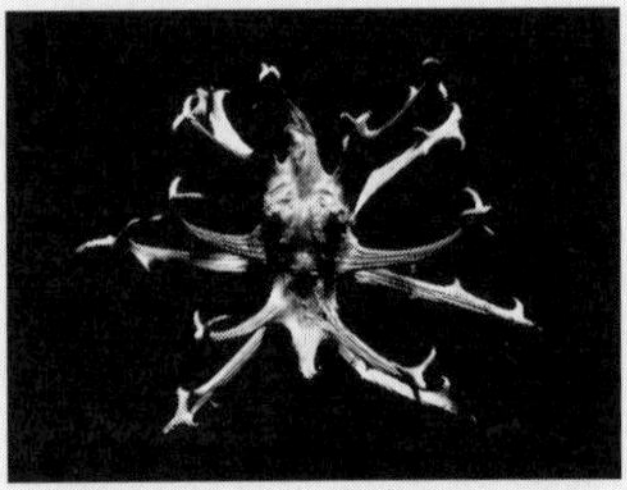
ライオンゴロシの棘

アフリカの半砂漠地帯に自生するゴマ科植物の一種で大輪のきれいな花が咲くが、そのあと写真のような大きい鋭い棘をもった実になる。殻の表面の模様が悪魔の顔に似ているので、英名では Devil's claw と名付けられている。裸足で歩きまわるブッシュマンも、この棘の実を踏んづけたら痛いうえに足に絡まって外すのにたいへん苦労するので注意して歩いている。

この物語では背の低いピーシツォワゴとの対比として、ダチョウの背の高さが繰り返し強調されている。実際、すらりとした体躯をもち、世界一大きな鳥であるダチョウは二メートルを超えるコムの木の実をらくらくと食べることができるので、その意味ではある種憧れの存在なのであろう。

ダチョウが翼の下に隠してあった火はどのようにしてしまってあったのだろうか。熾火の形で何かに包んでもっていたのだろうか、いや、おそらく火おこし棒を隠しもっていて、それをかすめ取られたのだと考えられる。

ピーシツォワゴには二人の妻がいると語られている。その二人とは太陽（ツァムツォワゴ）と月（ノエツォワゴ）なのだが、ピーシツォワゴと妻たちの逸話はのちほどのお話（第3話）に出てくるので、ここでは省略しておく。

この物語の音声データはこちら
https://youtu.be/FexjTVpEj7o

Story. 2

ドゥロンゴの知恵

ゴバツォワゴ（キバシコサイチョウ）だろう、それからカベツォワゴ（ハイイロサイチョウ）と、ナウナネツォワゴ（ドゥロンゴ、和名をクロオウチュウという）と、ジューバツォワゴ（ウサギ）と、ギューツォワゴ（エランド）とがそろって、

彼らは採集に出かけた。

食べ物を探して、彼らはコムの実を摘んだ。

彼らはコムの実を摘んで、そして休んだ。

休んで、抱きかかえていた子どもたち2人をとりあげると地面に置いた。

ウサギのと、エランドのと、2人の子どもたちだったが、抱いていた母親たちはかかえて地面に置いた。

2人の子どもを置くと、また食べ物を探しに行った。

ところがウサギは1人だけ残った。そして彼女はエランドのを盗んだ。

エランドの子どもをである。

その子を抱えあげ、毛皮にくるんで抱きあげた。

ドゥロンゴ、菅原和孝・撮影

自分のをほったらかしにして、毛皮の風呂敷にエランドの子を入れて抱いた。

家に帰っていった。エランドの子を連れて。

ウサギの子は置き去りにされた。

あそこに。人びとがコムの実を摘んでいるところに。

コムの実は一杯になった。それで彼女、エランドは帰ろうと思った。休み場へ。

立ちあがって休み場へ帰ろうと思った。

休み場へいってそこで一休みし、女たちみんな一緒に集まって、子どもを負ぶい、そして帰ろうと。子どもら2人を抱いて帰ろうと。

ところが、ウサギと自分の子はいなかった。2人は消え失せていた。

女たちは無言だった。

彼女らはなにも言わず、エランドはウサギの子を抱きあげた。

ウサギの子をとりあげると抱いた。

エランドは帰ってきた。そうしてこう言った。

「いえね、子どもを、彼女が、ウサギが盗んだのよ。そして返してくれないのよ。

私はこう言ったの。あんたのを受けとって、私のを返してちょうだい。

エランド、孫暁剛・撮影

そう言ったの。でも返してくれないの。ね、だから、歌をうたって踊ろうよ。日が沈むから」

エー、男たちが、男たちが踊り（ゲムズボック・ダンス）をおどった。

ハイイロサイチョウも、キバシコサイチョウも、エランドも、

ギンバエも、

男たちは踊った。

女たちはそこで、上手に手拍子をうって合わせた。

強く、強く、強く、手のひらを打って拍子をとった。

ハイイロサイチョウが1人こんなふうに翼をひろげて羽ばたいていた。

キバシコサイチョウもそのようにした。ハイイロサイチョウがするのと同じように。

ボワーン、ボワーン、と翼をひろげて踊った。

みんな同じように踊って、子をとり戻そうとしたが、子どもをとることができなかった。

「ア、そうだ、ドゥロンゴを連れてこい。もう夜が白んできたから。あいつを連れてこい、ここへ」

ゲムズボック・ダンス

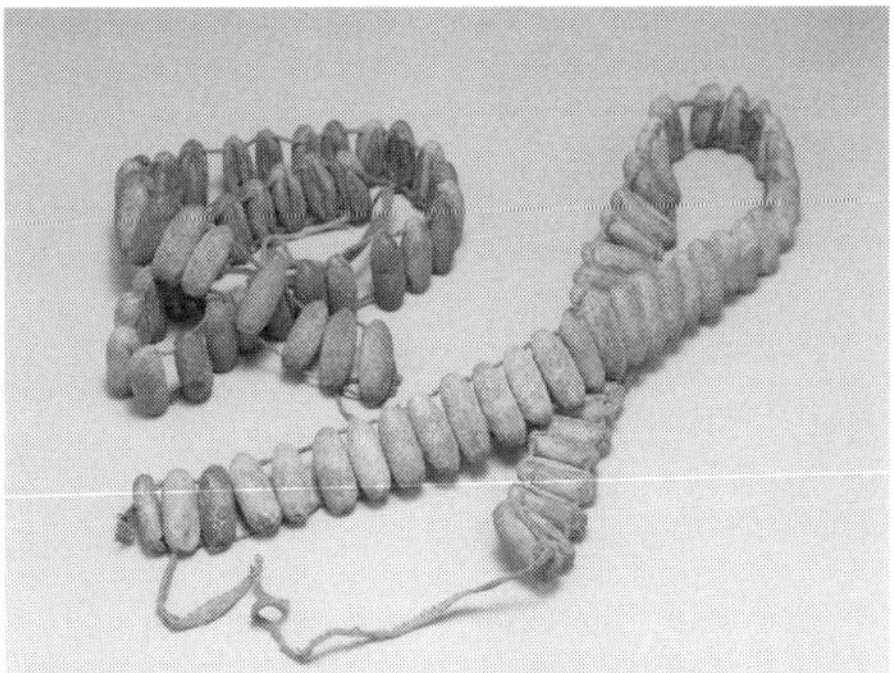

踊りのとき足に巻きつけるラットル(ガラガラ)

歌って、歌って、歌って、歌って、歌って、そして言った。

「ドゥロンゴを連れてこい。白々と薄明かりがひろがってきたから」

「あの賢い、役に立つ人を」人びとは言った。


ドゥロンゴがやってきた。

「ともかく、私たちはあんたを尊敬して頼りにしているんだから。子どもをとり返してくれ。あの人に子どもを返してやってくれ」

ドゥロンゴは暗くなると寝てしまって踊らなかったのだが、東の空が明るくなりだしたので、ようやく起きてきて踊りだした。

みんなが歌った。人間のように歌った。彼、ドゥロンゴも人間みたいに振る舞った。

彼はやってきて、両手をひろげて羽ばたいて踊った。

何度も羽ばたいて、

「お前たちも一緒に踊れ。みんなそこんところで踊っておいで。みんなで踊っているときに私がとび出すから」

といった。「自分は飛んでいって子どもをとり返すから」と。

男たちは踊り、そこで、彼は頭の上に両手をかざして踊った。

いつまでも羽ばたいて踊った。

彼はそんなふうに上手に踊りまわり、人びとは楽しくなって踊りつづけた。

「チュブ！」

彼は言って、とんでいき、子どもをとりあげ、抱きあげて逃げた。

さっとエランドの子どもを置いた。母親の目の前に。彼女に子どもを差し出した。

ウサギの子をとりあげて捨てた。それを穴の中に投げ捨てた。

「こいつはろくでもない。口が裂けているから。カミソリでシャーと切り裂いてある。皮ふんどしのうしろの結び目のところみたいにバラバラに切れ込んでいるから良くない」

彼らは歌をうたい、踊った。歌い踊りつづけて夜が白んできた。

太陽が昇ってきて、彼らは歌と踊りをやめた。

彼は言った。

「エー、私は彼女の子どもをとり返してやった」と。

「だから帰ろう。帰るよ、わたしの家へ。というのも、お前たちは何にもできないからだ。子どもをとり返すこともできない。男どもも大勢いるくせに。男どもは女の子どもをとり返すこともできない」

彼、ドゥロンゴは雨の季節を歌った。

彼は冬の季節を歌った。

「良い年を待ち望む」と彼は歌った。

おまえたちも聞こえるだろう。
悪い年だと、彼はけっして大きな声で鳴かない。
エー、スイカにしても、カーン・メロンにしても。
「よく実って良い年だ、良い年だ」と彼は歌いあげる。

ツァー　ツァー　ツァー　ツァー
エ　キュエン　クリ　タン（良い年を待ち望む）
テー　チュル　カエン（チンポコの皮をあざ笑う）
ガエ　カ　ガエ　カ、テー　チュル　カエン（女が、女が。チンポコの皮をあざ笑う女が、
実り多き良い年を待ち焦がれる）

こうして良い年を歌い、雨季にはよく雨が降ってスイカが実った。
ツァー　ツァー　ツァー　ツァー
ニワトリが鳴くように彼は時を告げるのだ。
そうすると良い年になるのだ。

エーエ　キーシュルグ、　エーエ　キーシュルグ、　エーエ　キーシュルグ

★1　足首に結わえたガラガラ（17頁写真）

彼はそこで羽ばたいた。彼は飛んでいった。
自分の踊りの場へ、彼は飛んでいった。
ドゥロンゴは踊った。
ツァカ　ツァツァカ　ツァカツァカ　ツァツァツァツァカ
ラットル★1を鳴らして彼は踊った。踊りを。彼の踊りを。
ツァカ　といわせて、彼はラットルを結わえつけ、
ツァカ　ツァカ　と踊った。
イーエー　キーシュルグ
と彼は歌った、アエ。
エーエ　キーシュルグ、エーエ　キーシュルグ
と彼は歌った。
タ、ツァツァカ　ツァ
と彼はガラガラの音を鳴らせて踊った、アエ。
ドゥロンゴは踊った。あの人はそうしたのさ。
タ、ツァツァ、と彼は踊ったのだ。
そんな具合に歌と踊りはつづいた。

コーシュルグ、と彼は歌ったかと思うと、子どもをとった。

コムの実を摘む女性

負い皮の中から子どもをとった。
彼はさっとひったくってとりあげた。
子どもを抱いてとりだし、乳を飲ませようとしたところを、さっとひったくったのだ。
ドゥロンゴは子どもをとり戻して母親にわたした。
それからウサギの子をさっととりあげるや投げ捨てた。
それを穴の中へ放り投げた。
彼は子どもをとり返した。
「女たちはもう帰ってよいぞ。私が子どもをとり返したから」
と彼は言い、人びとは帰った。
彼も帰った。ドゥロンゴも行ってしまった。
ドゥロンゴはたいした人だよ。とてもすばらしい。ドゥロンゴはそんな人だよ。
ところがそこへ、ピーシツォワゴの奴が現

れたのである。

そしてとんでもないことをした。

彼は自ら転げまわって言った。

「おまえたちは人間なんかじゃない。鳥だ」

それで、キバシコサイチョウは鳥の姿になり、ハイイロサイチョウも鳥の姿になった。

リクガメ[★2]も同じように動物の姿となったのである。

そんなふうにそこにいたみんなに大声で叫び、彼らをみな動物だと名指して喚き散らしたので、リクガメとなり、ウサギとなり、ゾウとなり、エランドとなってしまったのである。


昔の人は語った。

そんなふうに人びとは話したのだ。

★2 小型リクガメ第8話、大型リクガメ第10話を参照

【解説】

一月から二月ごろにかけての雨季の真っ最中はカーン・メロン、スイカとともにコムの実の最盛期でもあり、人びとは連れ立ってコムの実の採集に行く。

ここでいたずら者の代表格のウサギが自分の子をエランドの子と取り換えて、持って帰ってしまう。何とかして子どもを取り戻したいエランドたちみんなでゲムズボック・ダンスを踊り、子どもを取り換えっこして平和な村にもどしたいと願ったのである。

ブッシュマンたちは歌と踊りが大好きで、おしゃべりとともに重要な娯楽ともなっている。踊りはゲムズボック・ダンスが狩りの踊りといわれるとおり、重要な楽しみであるが、同時にこれは治療のためにも行なわれる。悪霊を退治して病気を治し、社会にはびこった邪悪なものを取り去って、社会に平安と安寧をもたらすのだ。だからこの踊りをすることによってウサギに盗まれた子どもを取り返し、元の平和な村に戻ろうと意図したのである。

ところが夜じゅう踊り続けても、ウサギは一向に

エランドの子を返してくれず、ついに東の空が白んでき始めた。「そうだ、あの賢いドゥロンゴを起こしてこい、彼なら要領よく子どもを取り戻してくれるにちがいない」。彼は夜中は寝ていて踊れないが、朝になったからもういいだろう。あれを呼んでこよう、というわけでドゥロンゴも踊りに加わることになった。彼はたちまち様子を呑みこんで、ウサギの胸からエランドの子をさっと取り上げた。兎唇で口の裂けたウサギの子は捨てられ、人びとの希望は一挙にかなえられたというわけである。

ドゥロンゴは頭もいいし、彼は良い豊作の年になるように、さえずりを続け、人びとから敬われている鳥なのであった。

みんな踊りつかれるまでダンスし、そして寝ようとしたのだが、そこへ突然ピーシツォワゴが現れてとんでもない振る舞いをすることになる。

彼は転げまわって、「みんな人間でもないのに真似ばかりして、みな動物の姿に戻れ」、そういってみんなそれぞれ獣や鳥やリクガメなどなど動物にしてしまったという創造主の力を発揮したのであった。

エランド・ダンス

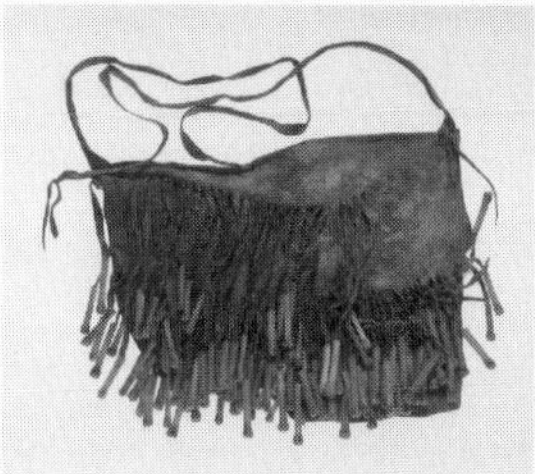

エランド・ダンス専用のエプロン

ゲムズボック・ダンスとともにブッシュマンたちが踊る二大ダンスの一方がエランド・ダンスであり、ここでこのエランド・ダンスのことも取り上げて解説しておきたい。

エランドはウシ科レイヨウ類のうちでももっとも大きく、肥えて脂ののった動物であり、ゲムズボックとともに最も好まれる狩猟獣であるとともに、女性の多産と安産を象徴するものである。

壁画に描かれたエランド・ダンス

少女が初潮を迎えたとき、彼女は小屋の中に寝かされ、その小屋の周りを女性たちが専用の小さなエプロンだけをつけてエランド・ダンスを踊ってまわる。普段つけている腰巻も肩掛けも取り去り、エプロンとビーズ細工のしっぽだけを身に着けて、とくにおっぱいとコイサン人種特有の突き出たお尻をあらわにして強調し、少女の健やかな成長と安産、多産を祈願するのである。

Story. 3

アカシアに化けたピーシツォワゴ

ある男がギューツォワゴ（エランド）を、出かけていって、エランドを射止めた。

人びとは、彼がエランドを射ったことについて話しあった。

そしてこう言った。

「あした行こう。毒矢で射てあるから、とどめを刺して、干し肉にしよう」

「切り裂いて、細く切って。リボンのように細長く切り裂こう」

「それを背負って、それをもって帰ろう」

「肉は生だから、木を見つけ、それに吊るして、干し肉にして運ぼう」

「あしたあれを担いで帰ろう」

そんなことを言いあった。

彼、ピーシツォワゴはゴーというアカシアの木に化けた。

彼はとてもよい形のゴーの木に姿を変えた。

肉をかけるのに具合のよい木をつくったのである。

その木はうまい具合に枝を伸ばしていた。こんなふうに。

肉を細長く切ってアカシアの枝に吊るし乾かす

人びとが肉を担いでずっと行くと、ゴーの木があった。

「あ、あのゴーの枝にかけよう」

彼らは切り裂いたエランドの肉をかけた。次々とかけていった。

きのう矢を射た男がいった。

「アエ、ゴーの木、きのう通りかかったときは、あの木はなかった。おまえらはゴーの木にかけてろ。俺はカムツァやコムの木にかけて乾かすから」

そういった。

肉をかけた。肉を木にかけて、その場で一部の肉を食べ満腹して寝た。

彼らが寝ているうちに、ゴーが人の姿になり、肉をみな担いだ。

ピーシツォワゴがかかっていた肉を全部もっていったのだ。

彼はぞうりを逆向きにはいて、帰っていく方角から来たように見せかけて行った。

人びとが目を覚まして起きてみると、肉はなかった。

矢を射た男がいった。

「俺がいったとおりだろう。だけど、おまえたちは俺のいうことを聞かなかった。あの木はピーシツォワゴだ。ほれ、あいつが肉を担いで行ってしまった」

といった。

「追っていって、あいつを射ち殺そう」

追った。追った。追った。

ゲムズボック、菅原和孝・撮影

足跡はまるで自分たちが寝ていたところへ戻っているようだった。

「あれ、あいつどこへ行ったのだ」

足跡どおりに引き返し、また追っていったが、

「あ、あいつペテンにかけよった。肉を担いであっちへ行ったぞ。走っていって、それ、あっちに火をつけろ」

「そっちに火をつけろ。そちらにも火をつけろ」

「火ではさみうちにして、そしてあいつを焼き殺せ」

ピーシツォワゴが焼き殺されるたびに、ハイイロサイチョウが創られ、キバシコサイチョウが創られ、そしてギンバエなどが創られていった。

人びとはさらに火をたいた。

彼は火にまかれて焼け、エランドを創り、反転してツォーツォワゴ（ゲムズボック）を創り、ギュワツォワゴ（クーズー）を創り、ンガベーツォワゴ（キリン）を創り、さらに焼けてカマツォワゴ（ハーテビースト）やツェーツォワゴ（ウィルデビースト）、ゼロツォワゴ（ダチョウ）、蛇などとすべての動物を創りだした。

最後に焼けて大きな石になった。

クーズーの群れ。中央の立派な角をもった一頭がおとなの雄、菅原和孝・撮影

彼が最後にいたところには彼ではなく石があった。

「あした妻たちを連れてきて、この石のところにキャンプしよう。この石で食べものを搗こう」人びとはこう言った。

「彼は死んだから」

そう言って帰っていった。

するとピーシツォワゴは立ちあがって、エランドを背負うと歩きだした。

家へ帰っていった。妻たちのところに帰り、エランドを食べた。食べつくした。

エランドがなくなったので、彼は狩りに行った。

ンゴワツォワゴ（ダイカー）が彼の姿を見て逃げた。

ダイカーがカラーと呼ばれる高いアカシアの木を跳び越えたので、彼も追って跳び越えようとしたら尻から腸がとびだした。

彼はダイカーのことはほっておいて自分のはらわたをナイフで切った。

切り裂いてもって帰った。妻たちのいるところへ。

夕方、担いで。

ところで、翌日、キバシコサイチョウたちは妻たちを伴って石のところへ戻ってきた。

しかし、石は人にもどって行ってしまっていた。

なにもなかったので、彼らはあきらめて帰った。

一方、ピーシツォワゴは草をもんで、はらわたの出たあとのケツの穴に突っ込んでふたをした。

子どもがケツの穴を塞いだそのふたを引っこ抜いた。

ケ　ヌルーウ　ザ　エー　ウイー　キナ（わたしのうしろ側に、ホレ、まわるな）
キ　ナー　カイオ　ザ　ウイー（わたしの正面におれ）

そう言って彼は歌をうたい、
囲いの中へ肉をおろした。
女たちは、彼が肉をもって帰ってきたので喜んで、臼で草を搗いた。
それを配った。皿に入れて彼にもわたした。
彼は食べた。
子どもに食器をわたし、「残りをなめろ」といった。
子どもは隅々までなめて、きれいに平らげた。

「あそこに草がある。草をくれ。皿を拭くから」といった。

「どこにある? どこに?」といいつつ、子どもが草を引き抜くと、血が流れ出た。

子どもに「どうして俺のケツの穴から草を抜いたんだ。殴りたおすぞ」

はらわたを熱い灰の中に入れて蒸し焼きにした。

焼けたのを斧で2つに割ろうとしたら、その拍子に新しい臓物ができて、彼の尻に入りこんだ。

彼の妻の1人、太陽が、焼けたのを斧で切ってもう1人の妻、月にやったのだが、割ろうとしたとたんに新しいのができて、彼の中に跳びこんで入ったのである。

そうして元の腸にもどった。

そうこうして彼らは寝た。

槍が見えた。そんなものをもって、彼はあす狩りに行くのだろう。

彼は狩りに行った。

女たちも出かけて穴を掘った。大きな穴を掘って、なかに糞をした。たくさんの糞を。

穴は糞でいっぱいになった。

帰ってきた女たちは、肉がなくなったので、陰唇を少しずつ切って灰の中で蒸し焼きにし、臼で搗いた。

メロンの種を炒って肉といっしょに臼で搗いた。

★1 122頁参照

彼が帰ってきた。

彼女は搗いたものを彼にも配った。

おいしかった。

「これはうまい。塩っけもあって。どこでこの肉を見つけたてきたんだ?」

「あの穴だ。穴の中にウィルデビースト[★1]の子どもが落ちたんだよ。そのウィルデビーストの耳を切ってこうして焼いてたのさ。あした一緒に行ってとってこよう。あんた男だから。どこにあるか教えてあげるから」

翌日、彼らは行った。

「あの穴だ。あの穴にウィルデビーストの仔がいる。ほら」

「どこだ?」

「あそこにいるから入ってみな」

彼が身を乗りだしたところを、尻をドンとついたものだから、彼は顔から糞の中につっこんだ。

彼は穴からでてきた。

女たちは走って逃げ、ムーハオ・パンの近くのカラーの木に登った。

彼は穴からでてきて、糞をとりはらい、草でぬぐった。

そして足跡を追っていってカラーの木の根元までくると、そこで足跡はなくなっていた。

まわりに足跡がないか探した。

彼女たちが唾を吐いた。

彼は鳥が糞をしたんだと思い、なお足跡を探した。

上を見ると彼女たちが股をひろげて座っているではないか。

秘部を覆うエプロンをつけてないので丸見えだった。

「あ、あの陰唇か。あれがうまかったのだ」

彼はカラーの木に登った。

ツァー　ツァー　ツァー　ツァー　とぞうりが滑った。

それで女たちがいった。「ぞうりが古いから、そんな古いのを脱いで、新しいのをお履きよ」

彼は古いぞうりを脱ぎすてて新しいのを履いた。新しいやつをもっていたのだ。

そして登っていって、2人の妻と性交した。

妻の1人、太陽のからだに自分のを突っ込んでやろうと思った。

が、彼のチンポコの先が焼けた。

彼はもう1人の妻、月のところへ行った。

そちらは冷たかった。

彼は彼女とたくさんの子どもをつくった。

こんどは太陽と交わろうとしたが、だがやはり焼けてしまった。

彼は月と交わり、たくさんの子どもをつくった。

その子どもらがカエルやトカゲであり、ウサギやリクガメ、アリなどなど、すべての動物だった。そうした動物を産みだしたのである。

そんなことをして、彼らは木から降りてきた。

「女たちはパンへ行って水を汲め。すごく喉がかわいたから、行って水をタンクに汲んでこい」といった。

あっちの方へ走っていって、水たまりから水を汲んだ。

あとから彼は追っていった。

彼は追っていって、女がもっていったあとを追いかけて走った。

走り疲れてくたばってしまった。

彼は死ぬときに、ウィルデビーストの子どもをつくった。

ウィルデビーストの子どもが生まれたのである。

彼は死んで横たわり、腹の皮をナイフで切ろうとしたら、リクガメがとび出した。

リクガメが生まれた。

「ものすごく彼は肥えてるから、切って干し肉にするのはよそう。われわれは生肉のまま彼を背負っていこう」

女たちはこういって彼を背負い、どんどん行って、女の子を産んだ。

彼はその女の子と性交して、ホロホロチョウを創った。

そこで大きな鍋に彼を入れた。彼のからだ全部を入れた。

彼はホロホロチョウを創った。何羽も何羽も創りだした。

女の子がいった。「彼をかきまわそう」

そしてかきまわした。

彼はいった。「おまえ、わしの目を突くから強くかきまわすのはよせ。ゆっくり、やさしくまぜろ」と叫んだ。

それでかきまぜるのをやめて振り返った。そしていった。

「こいつしゃべったぞ。煮られているくせに」彼女たちは話した。「しゃべっている」と。

「ゆっくりかきまぜろ」といった。

そう、ゆっくりかきまぜた。

彼は水を飲んだ。水を飲み干した。鍋に入っていたのを。

それから鍋を割って、それを背負って行った。

それを見て、彼女らは驚き、

「ピーシツォワゴだ。あそこを行くから、あいつを追いかけていこう」

彼に追いついて火をつけると、デウツォワゴ（アフリカオオノガン）が出てきた。その卵も出てきた。

「もうあいつらが出てきたから火を消せ」大声で彼を呼ぶといった。

「このアフリカオオノガンが、ほれ、卵を産んで座っているから、刺し殺してしまえ」といった。

それで彼は走っていってアフリカオオノガンを殺し、そして言った。

「そいつ、足が短いから切り裂いてばらすな」

アフリカオオノガン、菅原和孝・撮影

彼はそれをここへもってきて、降ろした。

女たちがそれをとりあげた。ばらさずに丸ごとのままで。そいつの足は短いから。

彼はそれをナイフで切ろうとした。腹を裂こうとしたが、脂がのってすごく肥えていた。

彼女らが彼に言った。

「そいつ、手足を切りはなして灰のなかで蒸し焼きにしろ」

彼は手足をばらし、それを灰のなかに埋めた。

それから、そこへ卵も2つ入れて蒸し焼きにした。

それらを掘りだし、そして彼が木切れで叩いて灰を落とそうとしたら、尻から脂がこぼれた。

彼女らが彼にいった。

「木で叩いちゃだめ。あんた、脂が尻の穴からこぼれるから。叩かずに、ツーッと吸え。脂をツーッと吸って口にほおばりなよ」といった。

それで彼は肉を掘りだして、ちょっとだけはたいて灰をはらったら、脂は尻の穴からなくなった。

こんなふうに、水がしたたり落ちてなくなるように。

腿のここんところ、尻の真ん中のところに脂が滴ったので、彼はツーッとすすった。

熱々の脂が口と喉に流れ込んできて火傷した。

女たちは大笑いにわらって、そして走った。

彼女たちは走って、走って、逃げた。

一気にすすれとそそのかして目論見があたり、面白かったので、気分が良かった。

走って逃げて、カラーの木に登った。

登って座りこんだ。

彼はあとに残り、悲鳴をあげながら脂をぬぐった。

脂をぬぐい去り、彼は彼女たちの足跡をたどった。

彼は足跡をつけていって、追いかけ、追いかけ、どこまでも追いかけた。

追いかけてついにカラーの木に着いた。

彼女らのいるところに着いた。

彼はここまで走ってきて止まり、彼女らの足跡を探した。

あちこちと足跡を探して歩きまわった。

そして上を見上げて叫んだ。

彼女らはこんなふうに股をひろげて座っていた。カラーの木の枝に。

走ってきた彼の方に、彼女らはプッと唾を吐いた。

彼は走ってきて、足跡を追ってきて、そこで止まり、引き返してはまた止まり、そんなふうに足跡を探した。

「アエ、ここに女どもが来ている」といった。

彼女らが唾を吐いた。

女たちはこんなふうに股をひろげて座っていた。

ツォワ　ツォワ　ツォワ　ツォワ　と登っていったが、ぞうりが滑りうまく登れなかった。

女たちが彼にいった。「ぞうりを、新しいのを履きなさいよ」

彼は女たちを見た。

足跡はカラーの木のところでなくなっていた。

見つけて登っていくと、ツルツルと滑ってうまく登れなかった。

「新しいのを履け」女たちはいった。

彼は新しいぞうりを履いた。
彼は登っていって彼女らのところに着き、太陽の妻のところにいった。
彼はこいつと性交しようと思った。
チンポコの先が焼けた。
彼はもう1人の妻、月のところへいったが、彼女は冷たかった。
彼はそこでたくさんの子どもを創った。
子どもをどんどんとたくさん、いろいろな動物を生みだしたのである。

そんなお話である。

【解説】

大きな獲物の狩りに成功すると、狩人たちはすぐその場で獲物の皮をはぎ、解体に取りかかる。数人で担いで家まで持って帰るのは重労働なので、少しでも軽くするために肉を細切りにして手近のアカシアの枝などにかけて日干しにする。一日掛けておくだけでもうんと重量は軽くなるのである。

カラハリの原野は背の低いブッシュの混ざったまっ平らな草原であるが、ところどころには谷筋のモラポや窪地になったパンがあり、そうしたところにはアカシアの疎林があって、よい日陰となり、また薪も得られるので人びとは好んでそうしたところに短期間住み込む村を作っている。大木となるアカシアはセントラル・カラハリではカラー（*Acacia erioloba*）とゴー（*Acacia luederizii*）の二種があり、どちらもお話の中によく出てくる。

大木になる木としては、よい雨の降った年には桜のようにきれいな花が咲くカムツァ（*Lonchocarpus nersii*）があり、この木陰もよく使われる。私たち日本人研究者もこの木を休み場にするように炊事場とし、物置小屋を近くに建てた。直径二五センチほどになった大木は三〇センチほどに輪切りにされ、鑿で中を削って調理用の臼にする材料となる。

アカシアの疎林に村をつくる

キバシコサイチョウ、菅原和孝・撮影

カムツァの木に咲いた花(日本人研究者のキャンプ地にて)。この木も良い日陰となる、田中憲子・撮影

ピーシツォワゴもウサギ同様にいたずら好きで人をだまくらかしたり、こんな風に獲物をかすめ取ったりする

ことが多い。その挙句に追いかけられて火をつけて焼き殺されるような目にあう。しかし、ピーシツォワゴは不死身の精霊なので、けっして死んでしまうことはない。死ぬ間際のところで彼は石に変身し、ゴロゴロ転がりながら、キバシコサイチョウやホロホロチョウ、アフリカオオノガンなどの鳥を作ったり、ゲムズボック、エランド、ハーテビースト(121頁参照)、クーズー、ゾウ、キリンなどの動物を創り出す。

カラーの木の上で股を広げて陰部を丸出しにして座っている妻たち、太陽と月の二人であるが、お話の中ではツァムツォワゴ(太陽っ子)、ノエツォワゴ(月っ子)、となる。

ピーシツォワゴはそれまで実は性交することを知らなかった。カラーの木の上で二人の妻にそのやり方を教えてもらったのである。古くなってすり切れた草履は捨ててしまって新しいのを履いて登っておいでというところからして、すでに草履の先がチンポコであり、土踏まずのくぼみが陰唇を隠喩的に表しており、新しい草履できっちりと性交が営まれることを暗示していたのである。

ピーシツォワゴは、さまざまな動物をつぎつぎと創っていったが、狩猟動物の代表はなんといってもゲムズボックである。ブッシュマンの踊りの主たるものがゲムズボック・ダンスと呼ばれ、これは狩りの踊りとして最大の娯楽であると同時に、治療の踊りでもあり、社会の平安をもたらす癒しの効果ももっている。

アフリカオオノガンは飛ぶ鳥としては世界最大の鳥である。この鳥の肉はショモと呼ばれ、年寄りだけが食べることを許されている。こいつは足が短いと述べられているが、空を飛べない世界一大きいダチョウが長い足で駆け、長い首を伸ばして木の実をついばむのに比べてのことである。様々な鳥や哺乳動物などが創り出されるお話であるが、次節以下のお話の中で紹介する機会もあるので、そこで写真もお目にかけることにしたい。

Story.4

ピーシツォワゴとトウツォワゴ(イボイノシシ)

ピーシツォワゴが帰り、イボイノシシも帰ってきて、そして寝た。

ピーシツォワゴもみな寝た。

寝ているうちに夜が白々と明け、そして翌日草原の真ん中でまた出会った。

2人は翌日原野の真ん中で会ったのだ。

そこで、彼らは食べ物を探し求めた。

ピーシツォワゴは彼に言った。

「兄貴、どれ、お前をおんぶしてやろう。一緒に私の家へ行こう。おいで、お前を負ぶってやるから」といった。

イボイノシシは彼の背中におぶさった。

2人は、彼はイボイノシシを、ピーシツォワゴは背中に運んで、走っていった。

エエ、彼、ピーシツォワゴはこんなふうに2人の妻に言った。

こう言ったのだ。「イボイノシシを俺はもってきてやる。わしらそいつを熱い灰で焼

トウツォワゴ（イボイノシシ）、波佐間逸博・撮影

いて食べよう。イボイノシシなんぞ人間じゃない。獣肉のくせして人間になりすましているんだから、俺はそいつをだまして連れてきてやる。そいつを熱い灰の中に入れて料理しよう」

それで、俺はこうしてもってきたんだ。

妻たちに言った。「おまえたち、火を大きくかきたてろ。大きく燃やせ」といった。

「おまえたち、火を大きく燃えあがらせろ」2人の妻に、ピーシツォワゴはいった。

彼女ら2人におとなしく留守番させておいて、彼はイボイノシシのところへ行ったのだ。

そして、かのイボイノシシを、彼が言っていたように、彼はだまくらかし、イボイノシシにうまく言いつのって、それでイボイノシシは負ぶさった。ピーシツォワゴの背中に。

彼はそれで担いできた。自分の家へ。

2人はどんどん、どんどんとやってきた。

イボイノシシは、ピーシツォワゴの家の近くまでやってきてピーシツォワゴの家を見ると、彼は言った。

「おい、俺を、ピーシツォワゴよ、俺をおろしてくれ。こんどはお前を負ぶってやろう」といった。「お前さん、疲れたろうから」そういった。

イボイノシシはそう言って降りた。

かわりにピーシツォワゴを彼は担ぐと、急ぎ走り出した。

どんどん、どんどん、どんどん、どんどん、速く走って、家の近くまで来たとき、ピーシツォワゴは大声でわめきあげ、叫んで言った。

「火を小便で消せ」

しかし、イボイノシシは2人の女に呼びかけた。「火を大きく燃やせ」と。

そこで女たちは思った。「自分たちの亭主だ。ピーシツォワゴがそういっているのだ」と。

「火をかきたてろ」と亭主が言っているのだと思った。

女たちは火をくべた、火を。大きく焚いた、火を。

そこへ、イボイノシシがピーシツォワゴを担いできて火のところへ、女たちが焚木をくべて燃え盛っているところへ、ボブッと彼を投げ入れた。

彼は焼けただれ、のたうちまわって石になった。

イボイノシシは跳びさがって逃げた。

ピーシツォワゴは石となって残り、そして叫んだ。

「そっちへ行ってみろ。ヒョウがお前に襲いかかってやっつけ、咬み殺すぞ。あしたになったらヒョウにやられたお前の頭をとりにいって、そいつを焼けた灰の中に入れて蒸し焼きにしてやろう」といった。

イボイノシシは逃げていった。

そしてそこでヒョウに頭を咬まれて死んだ。
かのピーシツォワゴは翌日、彼が死んでいるのを見つけた。
そしてこう歌ったのである。

ピーシツォワゴ　ベ　アマ　ギョウツォン　クワァ　アマ　クーア（ピーシツォワゴは
こやつを焼き殺そうと運んできた）
トウツォワゴ　マ　アマ　クリツォワゴ（イボイノシシが彼をクリツォワゴといって）
バマバマ　ア　マイシュル（そいつを背負ってもってきた）
トウツォワゴ　アマ　ダオオ（イボイノシシの奴を焼いてやろう）
クワァ　アマ　オナ　ア（と、彼を運んできた）

そういって歌をうたいながら、イボイノシシを運んできた。
そして考えていた。「俺はもって帰ったらイボイノシシを焼いてやろう」と。
そこのところで、イボイノシシは気配で感づいた。
「この野郎、俺の方がおまえを殺してやろう」
2人は言い争いをした。「降ろしてくれ」
「俺がおまえを運んでやろう」と言いあったのだ。
彼はイボイノシシを降ろした。

イボイノシシは彼を担いだ。

そしたらそいつは走りだして言った。

ピーシツォワゴを焼き殺そうと彼を担いでやってきたのだ。

ピーシツォワゴ　マ　ギョウツォン　クワァ　アマ　クーア（ピーシツォワゴを焼き殺してやろうと運んできた）
トウツォワゴ　マ　アマ　クリツォワゴ（イボイノシシが自分をクリツォワゴといって）
バマバマ　ア　マイシュル（そいつを背負ってもってきた）
トウツォワゴ　アマ　ダオオ（イボイノシシがこいつを焼き殺してやろう）
クワァ　アマ　オナ　ア（と、彼を運んできた）

と歌をうたい、2人が家の近くまできたとき、彼は泣きわめいた。ピーシツォワゴが。

そして言った。

「火を、女どもよ、小便をかけて消せ。こいつが俺を焼き殺そうとしているから」

だが、イボイノシシが女たちに言った。

「かきたてろ、火を。おまえたち木をくべろ。どんどん燃やせ、火を」

彼は担いで運んできたと思ったら、急に身を引き、ブブッとピーシツォワゴを火の中に投げ込んだ。

それでピーシツォワゴは焼け死に、石となった。石ができていた。

イボイノシシはそれで逃げた。ピーシツォワゴは言うに、

「あっちの方へ行ってしまえ。お前はまやかしだから。ヒョウに咬まれてしまえ。おまえの頭を手にいれて運んできて、熱い灰の中に放りこんで蒸し焼きにしてやる」

といった。

イボイノシシが行くと、ヒョウが彼を襲った。

彼は翌早朝出かけた。ピーシツォワゴがである。

そこに着くと、ヒョウが彼の頭に咬みついて殺されていた。

彼は頭をもって帰り、灰の中で料理して、食べてしまった。


そんなお話である。

【解説】

いたずら好きで欲張りのピーシツォワゴは、このたびはトウツォワゴ（イボイノシシ）にちょっかいを出して彼を焼き殺して食ってしまおうとした。うまくだまして親切ごかしに家に連れて帰ってご馳走してやるからと負んぶして帰ってきたのである。ピーシツォワゴの家に近づいたとき、イボイノシシはなんとなくいやな気配に気づいて、俺を焼き殺して食おうとしていると感じたらしい。それで疲れたろうから背負うのを交代してやろうといい、ピーシツォワゴもふとその気になった。

でも家に着きそうになって、焚火が燃え盛っているのを見てイボイノシシに感づかれたことを知った。あわてて小便をかけて火を消せと言ったが間に合わず、彼は火にくべられて焼け死にそうになった。案の定ピーシツォワゴは死ぬ前に石に化身してその場を凌ぐ。それを見てイボイノシシは逃げ出したが、ピーシツォワゴが予告したとおりヒョウに噛まれて死んでしまうというお決まりのお話になっている。

イボイノシシは脂がのっていておいしい肉で、結局はヒョウに殺されたのを食べることができたのである。イボイノシシはよく親子連れなどで草原を走っているが、この動物の特徴は、大きな牙をむき出しにしながら尻尾をピンとたてて走っていく様子である。しかし止まっているときには尻尾はたてない。牙はしっかりとむき出していかつい姿を見せている。

この物語の音声データはこちら
https://youtu.be/ynKD3jpTC0A

Story. 5

コアテ（ピーシツォワゴの子）

あの子はピーシツォワゴの子で、名をコアテという。

コアテは男女2人を捕まえた。人間を捕まえて食べようと思ったのだ。

ところがこの2人は痩せこけていた。

この男女2人は結婚して暮らしており、食べものを探しに出てきていたのである。

コアテは林のなかに住んでいた。

彼は人間を捕まえて、殺して食べようと、狩りに出かけていってこの2人に出会ったのだ。

2人は痩せこけていた。

彼は2人に言った。「いやー、ここで、私ら一緒に住もう。良い場所だから、ここへ我々は住もう」といい、2人も同意した。

彼らは住んだ。林の中で。

彼らみんなで寝た。

翌朝、コアテは出かけた。人間を狩りに出かけ、肥えたのを捕まえて、それを殺して2人に食べさせ、太らせようとした。

彼は出かけていって遠くで肥えた人間を見つけた。それを殺して夕方彼は帰ってきた。

彼らはみんなでその肉を食べた。

食べて、食べて、食べて、ついにそれを全部食べつくしてしまった。

そして寝についた。


翌日彼はまた狩りに行った。また別のを探そうと。

どんどんどんどんと遠くへ行ったのだが、人間は誰も男も女も見つからなかった。

彼が言うに「今日は何も見つからなかった」

彼らは何も食べずに寝た。

翌日も彼は狩りに出かけた。

男女の2人はキャンプに残っていたが、少したってから男の方が彼の策略に気がついた。

そうだ、あの奴めは我々を殺そうとしている。

なんと彼が持って帰ってきたあの肉は人間の匂いがしたぞ。

我々は人肉を食べさせられたみたいだ。

今ならいないから、あの男が帰ってくる前に、今のうちに2人で逃げよう。

そう言って、2人は走り出した。

彼は狩りに行っていたので、2人は逃げた。どんどんどんどん離れていった。

遠くまで狩りに行っていた彼も、狩場を発って戻ってきた。

ゆっくりはしていなかった。

というのも、彼は何でもお見通しの男だったから。おやじのピーシツォワゴと同じように。

彼が戻ってみると、2人は行ってしまっていた。

彼は地団駄を踏んで、身を翻して言った。

「おー、あの連中、逃げよった。あの2人の奴らめ」

そう言ってナイフと槍を携えて2人を追った。

2人を追って、追って、追って、どんどんと追っていった。

向こうでは女が深い林を作った。

「お前はその術を知ってるから、お前は林を作れ。林を。彼がやってくるから。木の枝のしっかり絡まっている深い茂みを。そして遠くへ逃げよう」

そう男は女に言った。

女は林を作った。とても大きなのを。

コアテはあの2人がいないのを知って延々と追いかけた。

コアの森

すると目の前に林が横たわっていた。すごい深い茂みが。

彼はその茂みを切り払い、切り払いしながら隙間を作って進んだ。

彼はそうやって茂みを抜け出し、足跡を辿って2人を追った。

彼はしつこくつけていって2人に追いついた。

男は妻に言った。


「ここでまた深い林を作れ。コア（*Acacia mellifera* 鋭い棘をもった中木性のアカシア）の茂みを作れ。大きな、これぐらい大きな茂みを」

というわけで、女はコアのでかい茂みを作った。

コアテがやってくると、コアの林が立ちふさがっていた。

彼はナイフをふるい藪を切りひらこうとした。槍も使って切りひらこうとしたが、うまくいかない。どれも刃が欠けてしまった。

彼は諦めて、斧をとりに家に戻った。走って遠くの家まで帰り、斧を手にとって戻ってきた。

コアの茂みを斧をふるって切り払い、切り払いして隙間を作り、ようやく林を抜けだしたが、2人はすでに逃げたあとだった。

彼は足跡を追っていって、2人に迫った。

彼は妻に言った。

「今度は水溜まりのでっかいのを作れ。水溜まりのどでかいのを。池みたいに大きいのを」

女は水を作った。

彼は2人を追いかけてきて堤の上に登った。その向こうには水が一杯になっていた。

彼はそれを飲みだした。

ガブガブ、ガブガブと彼は水を飲み、そしたら腹が少し痛くなったので、飲むのをやめた。

作戦を変えた。

「飛んで帰ってバケツをとってきてこの水を汲みだそう。バケツで水を汲みだして少なくなったら飲み干してしまおう。水が少なくなってから、ここを通り越して2人を追いかけよう」

そんな作戦を考えたのである。

バケツで水を汲みだし、汲みだし、やってみた。

しかし水は一向に減らず、とても飲みつくせなかった。

彼は腹這いになってがぶ飲みをした。

大きな池を作ってコアテを溺れさせた

ついに腹が裂け、彼は死んでしまった。
水が彼を呑みこんでしまったのだ。
水の中へ倒れ、大きな波が彼をさらっていった。
それで2人の男女は無事に逃げて帰ることができたのである。
そんな物語である。

【解説】

ピーシツォワゴと同じように、子どものコアテもいたずら者で人食いも平気でやってのける。やせ衰えた人間の夫婦をたぶらかして一緒に住み、脂のたっぷりのった人を攫ってきては食べさせて、痩せた夫婦が肥えふとったら食べてやろうとしたのである。夫婦はコアテの野望をいち早く見抜き、留守の間に逃げ出したが、コアテはこの獲物を逃がしてたまるかとしつこく追っかけてくる。妻の方はいろいろと魔法の術を知っていたので、アフリカのサバンナに広く分布する五メートルぐらいのアカシアの一種コア（*Acacia mellifera*）の木で密な林を作ってコアテを食い止めようとした。東アフリカではこの木は、スワヒリ語で「ゴジャキドゴ（ちょっと待て）」と言われ、南アフリカでも同じように、「待てしばし」と呼ばれているように、この木の枝には小さいが鋭い曲がった棘がいっぱいついていて、この木の林を通り抜けるのは並たいていではないのである。

ようやく林を抜けたと思ったら、次には女の魔術によって大きな池が作られており、コアテは水を汲みだしたり、飲み干したりしようとしたが、とても飲み切れず、腹ははちきれて池の水にさらわれ死んでしまい、夫婦は無事生きのびたという短いお話である。ピーシツォワゴは不死身だが、子どもは死ぬこともある。二人の妻にいくらでも子どもを作らせられるのである。

Story. 6

赤ん坊に化けたピーシツォワゴ

彼、ピーシツォワゴは年をとっていた。ここにいるあのダオクワ爺さん（昔話の輪にたまたまいた村の人を指している）みたいに年寄りなのだが、彼は狩りでエランドを獲っても分配をしてやらなかった。親戚の人たちに食べものをやらなかった。

親戚の人たちが、彼の妻である太陽と月に言った。

「お前たち、行こう。お前たちは身内だから、一緒にエランドをもらいに行こう。年寄りがエランドを獲ってきたから」

彼は狩りに出かけ、エランドを追いかけて殺した。そして彼は1人で食べてしまうのだった。

しばらくするとまた彼は出かけてエランドを殺し、1人で食べた。

出かけていっては狩りをしたが、人びとにはやらなかった。

ある日、人びとは言ったのである。

「親戚たちと一緒に行ってエランドをもらおう」

そうして彼らは行った。

ダオクワ爺さんぐらいの年寄りだった。

その年寄りは頭にダチョウの羽根を挿してなびかせていた。

彼も含めみんな一緒になって村の方へどんどんと帰ってきた。

彼らの小屋のすぐ近くまで来ると、年寄りは頭の羽根を抜いて、そいつから小さな子どもを作った。

2人の妻はその子を抱いた。

村まで帰ってきて、人びとに出会った。

「オワー、エランドの心臓の脂、オワー、エランドの腸間の脂、オワー、エランドの胸の脂」と子どもは叫んだ。妻の1人、月が言った。

「この子が脂を欲しいと泣いて困っているから、脂肪を、あそこで人びとにもらおう」

「脂肪をもって来い、彼にやってくれ、塗ってやるから」

彼は脂肪をいっぱい食べて、たくさんの糞をした。

彼女が草でお尻を拭いてやった。お尻にいっぱい付いていたのをきれいに拭いてやった。

短い若い草をくれ、と言って、それでお尻のまわりをすっかりきれいにしてやった。

子どもはさらに泣いた。

「オワー、オワー」

「エランドの腸、オワー、エランドの胸」

そう言って、エランドの胸肉を束ねたのをもらい、また、「オワー」と言うとエランドの腸が出てきた。

彼が「オワー」というと、つぎにはエランドの腿肉が出てくる、という具合だった。人びとは彼を子どもだと思っていた。本当はピーシツォワゴが子どもに化けていたのに。

妻たち2人はそれらの肉を背負った。

毛皮の風呂敷にみな包み込み、これを額のところから紐で吊って背負った。

彼女らは村人と別れて、背負って帰った。

先ほど年寄りが羽根を引き抜いて子どもを作ったあたりまで行ったとき、彼は女たちが背負っていた大きな荷物を担いだ。元のように彼は大きくなっていたのである。

これ重くて、お前たちたいへんだから、と言いつつダチョウの羽根を挿し、荷物を担いで行くのを、人びとは見ていた。

ギンバエが恐ごわ彼の近くを飛びまわっていた。

村人がギンバエに、「飛んで行ってあいつに追いついて、様子を見てこい。あいつのやることをしっかり見てこい」と言った。

ギンバエは追いついて、「ブワーン」と飛びまわった。

ピーシツォワゴは言った。

「このチンポコ野郎。お前、本物の人間じゃない。ギンバエ野郎め」

ギンバエは飛びまわって、子どもを探した。

驚いたことに、いくら飛びまわって探しても子どもはいなかった。

彼は行ってみて驚き、そして村へ飛んで帰ってきて報告した。

「3人しかいなかった。ピーシツォワゴこそあの子に化けていたのだ。彼自身が大きな荷を担いでいたのだ」

村人たちは「嘘をつけ。そんなはずはない」

そう言って、今度はキンバエに言いつけた。


キンバエが言いつけられて彼らを追っていった。

彼らの跡をたどり、追いついてこいつもまた、「ブンブン、ブンブン」と飛びまわり、「ブーン、ブンブン、ブーン、ブンブン」と飛んでまわった。

キンバエに向かってピーシツォワゴが言った。

「エーイ、お前、キンバエなんぞ本物の人間じゃない。まやかしものだ」

「お前たち、うるさく俺たちを追ってくるから、耳元でブンブンと耳障りでかなわん」

キンバエは帰っていった。人びとのところへ。

ピーシツォワゴはでっかい重荷を担いでいた。妻2人と並んで、2人の真ん中を歩いていた。

それを追って、今度はキバシコサイチョウが行き、彼らに追いついた。

通りすぎて振り返り、止まって彼らを見た。

「コッ、コッ、コッ、コップ、コップ、コップ」

そう言って彼らの様子を見た。

「こいつめ、まやかしものめ、キバシコサイチョウなど本物の人間じゃないから行ってしまえ」

ピーシツォワゴにそう言われてキバシコサイチョウも引き返してきた。


村の男たちが皆で彼らを追っていき、追いついて彼を見た。

「いやー、本当にピーシツォワゴだ」

「荷物をとってしまえ。火をつけろ。あいつは俺たちをだまくらかしたんだから、火を、あっちこっちに火をつけて焼き殺してしまえ」

男たちは彼のところに近づいて、あちこちに火をつけてまわった。

彼が顔をあげてみると、どこもかしこも火の海で、野火にとり巻かれてしまっていた。

彼は2人の妻たちの間に立って眺めていた。

そして女たちを見て言った。

「どこもかしこも火だ。お前らを殺すぞ。死んでしまうぞ、みんな。どうしようか、わしら」

ピーシツォワゴは2人を自分の腹の中へ入れた。彼はハーテビーストになって火のあっち側へ走りぬけようと思ったが、顔面が焼けたので引き返して元のところへ戻った。

2人の妻に言った。

「大変な火の勢いだ。難しいぞ。わしら焼け死んでしまうぞ」

そう言って彼はエランドに変身し、2人を腹の中に入れたまま、火の向こう側に跳びだそうとしたが、熱くてとても火に近づけず、元のところに戻ってきた。

そうこうしていたが、つぶやいた。

「おやまあ、このままじゃ生きる術はないわ。来い、俺の腹の中にお前ら2人を入れておく」

彼は2人を腹に入れたまま向きを変え、腹を下にして横たわり石になった。

火が燃え広がって、石になった腹のまわりを燃やしていった。

そして火は通り過ぎた。

石から元の姿に戻って現れた。

そして2人の妻をとりだした。

彼は言った。

「行こう。ろくでもない連中が俺たちをひどい目に合わせおった。帰って肉を煮て食おう」

そしてエランドの肉を担いで行った。


村の男たちは、やがてこう言った。

「やれやれ、あいつは焼け死んでいるだろう、いまごろは。行って見てこよう」

そして彼らは見に行った。

焼けたところを通っていったが、彼の焼けたところに死体はなかった。

彼は焼け跡を踏んでいった。足跡がついていたのだ。

彼が焼け死んだはずのところを見て、こういった。

「アエ、あいつめ、あいつ焼けないで行ってしまった。妻たちを連れて帰ってしまいよった」

ピーシツォワゴと妻たちの3人は帰って、エランドをバリバリと食べつくした。

足を食べ、腸を食べ、そしてみんな食べつくした。

男たちは彼を殺してしまおうとしたのだが果たせず、彼らは無事に生きつづけたのである。

ピーシツォワゴが死ぬことはないのだった。

そんなお話である。

【解説】

ピーシツォワゴも年寄りになったが、それでも狩りに出かけていってエランドを獲ってくることができるのだ。

彼は相変わらず欲張りの上にケチでその獲物を誰にも分けてやらず、いつも一人で食べてしまうのだった。村人たちは妻たちなら身近な親戚だから分けてくれるだろうと、一緒にエランドの分け前をもらいに出かけた。ピーシツォワゴは赤ん坊に化けてついていって、ちゃっかりとエランドの胸や腿やあちこちの肉と脂をせしめ、お母さんの太陽や月に運んで帰ってもらう。女性は写真のように皮風呂敷に入れた荷物を額から吊るして運ぶのが常である。

行きがけに赤ん坊に化けた地点まで戻ってくると、彼はすっと大年寄りの元の姿に戻り、見ていた人をびっくりさせた。ギンバエやキンバエやキバシコサイチョウなどに様子を見に行かせたが、らちがあかず、わからずじまいで、結局村人が皆で見にきてみると、たしかにピーシツォワゴその人であることがわかった。欲張りピーシツォワゴの奴め、焼き殺してしまえと例によって、方々に火をつけて焼き殺そうとしたが、彼は妻二人を腹の中に入れていつものように石になって火の通りすぎるのをやり過ごした。そして妻たちと三人でエランドを食べつくすのであった。

ピーシツォワゴの所作は相変わらずで、人びとは同じような話をなんど聞いても、ピーシツォワゴがこんどは何をしでかすか、興味津々で年寄りの昔話をみんなして楽しむのである。

荷物を皮風呂敷に入れて額から紐で吊って運ぶ女子たち。2〜4週間に一度は移動する

Story. 7

エランドとハチミツ

ギューツォワゴ（エランド）を、その人はもっていた。

ピーシツォワゴがエランドをもっていたのだ。

彼は狩りに出かけ、ハチミツを見つけた。

ミツバチの巣が木の洞のなかに作られていた。

巣をとりだすために、木の洞の口を広げなければならず斧でけずった。

手が入るように口を広げて巣をとりだした。

ハチミツを取りだして、それを容器に入れた。

木の穴からハチミツをとりだし、それを木の皮で容器を作り、そこに入れていったのである。

小さい方の子どもが彼と一緒にいた。

ハチミツを次つぎに入れ、木の皮の包みに一杯にして家に帰った。

もう夕方になっていた。

家の手前の藪の中にエランドを住まわせていた。

木の洞のハチミツをとるために斧で削って口を大きく開ける

ピーシツォワゴが呼びかけた。
「ガララガー、ガララガー」と言った。
するとエランドが現われた。

エランドは、ガララガーの呼び声を聞いて出てきたのだ。
それで、エランドのところに立ち止まってハチミツを分けてやった。
エランドにハチミツの包みの中から、蜜の多いところを取り分けてやった。
エランドは食べた。
食べて、食べて、そしてすっかり食べ終えてしまった。
2人は引き返し、残りのハチミツの少ない方のを食べながら、家へ帰った。
妻はエランドに蜜の多いところを食べさせたところを見ていなかった。
大きい方の子どもも、そんなところを見はしなかった。
小さい方の子、ハチミツを父さんと一緒にとりにいった子だけがそれを見ていた。
2人は家に帰り、妻と大きい方の子に蜜の少ないところをやった。
「アエ、なんだ、これは。蜜のない痩せたハチミツだな」
そう言いながらも、食べて、そして寝た。
みな寝てしまった。

朝になって狩りに出かけた。

翌朝また2人で狩りに行ってハチミツを見つけた。

木の空洞にある巣をとりだすために、斧で入り口を削って広げた。

ハチミツをとりだし木の皮で包み込んでいたら夕方になり、2人は帰ってきた。

家の方へ戻ってきて2人がエランドの住んでいるところを通りがかったとき、

「ガラ ラガー」と叫んでエランドを呼び寄せ、ハチミツを出してやった。

蜜の多いところを出してエランドにやった。

エランドは食べ終わり、2人はハチミツの蜜の少ないところを昨日と同じように食べながら家に帰った。


次の朝、小さい方の子、いつも一緒に狩りに行っていたのが、こういった。

「今日僕は行かないで残る。だからあんた1人で行っておいでよ」

そう言って彼は残った。家に。

そんなことで、小さい方の子どもが残り、大きい方に言った。

「父さんはハチミツを2人で切って取りだしたのだが、蜜の少ないのだけもって帰ってきた。蜜の多いのは、僕と父さんがそこを通りがかったときに、声をかけて呼ぶと、角のあるやつが出てきて、やっちゃったのだ。蜜の多いのをエランドに食べさせた。

蜜の少ないのを我々は家で食べてたんだよ」

「そんなら2人で行ってみよう。父さんはあいつに何と呼びかけたら、彼は出てくるんだろう?」

大きい方の子が言った。

「僕たち2人で行くと父さんは、ガララガーと言った。そしたらあいつが出てきたんだよ」

弟は兄さんにそう言った。

2人は出かけた。

兄貴に言った。

「行こう。行ってみよう。あいつを見てみよう、それでは」

2人はそこへ着いた。着いて立ち止まり、

「ガララガー」と言った。

そうすると彼はやってきた。

兄貴は言った。

「エー、エランドだ。行ってとってこい、家へ。槍をとって、もってこい」

弟は走って帰り、槍をとると急いでもってきた。

2人はエランドを刺し殺した。

2人はそれを食べた。2人してエランドの肉をバクバクと食いつづけた。

父さんはあちらへ行ってハチミツを見つけ、それを穴からとり出すために木を削って、それをもって帰ってきた。また、あやつに蜜をやろうとして。

息子たち2人はエランドを殺すと皮をはぎ、食べ残りを盗んだ。肉を担いで走って逃げた。

あの人、父親はハチミツを木の皮に包みこんで、もって帰ってきた。

エランドにやろうとしたのだが、そいつが殺されて、盗まれているのを知り、父は2人を追っていって捕まえ、はげしく怒鳴りつけた。

彼は怒って、ゼーネという羽根つきのおもちゃを作り、それをしなやかな小枝で引っかけて空に飛ばした。そして2人に言った。

「狩りに行け。そんなら牛を連れて、食べものを探してこい」

2人は牛を追っていき、父は1人残った。

アフリカオオノガンの羽根を1枚短い細い棒の端にくくりつけ、もう一方の端に紐で硬い木の実の錘をくくりつけて、この紐にしなやかな小枝を絡ませて力一杯投げ飛ばすのである。風に吹かれながら竹とんぼのようにくるくる回りながら落ちてくるのが地面に着かないうちに走っていってこれをすくい上げ、また空高く飛ばしていく。これがゼーネと呼ばれるもので、少年たちの遊びに使われるのだが、いい年をした小父さんもよくこれで遊んでいる。

ピーシツォワゴは大空に高くこのゼーネを飛ばし続け、そして太陽をつくった。

日が照りつけて、木も枯れてなくなってしまった。

2人は牛を連れていた。牛に草を食べさせていたのだが、木がなくなって、大地は太陽に照りつけられて、焼けつく熱さだった。

どこもかしこも焼けつき、あちらへ行こうと思っても立っていられない熱さだった。

2人は四つん這いになって行こうとしたが、焼けた。膝も足も皮がむけた。

手も肘も焼けて皮がむけた。

2人は牛を見た。

牛の腹の下に入った。

牛のそこんところが陰になっていた。

2人は牛と一緒に帰ろうとした。

牛の腹と胸の下を腹這いになって帰っていったので、膝やら肘やらどこもかしこも焼けてずる剥けになってしまい、家に着く前に死んでしまった。


エランドとハチミツのお話である。

ゼーネ(羽根付き)。羽根のついた錘を木の枝で飛ばしている

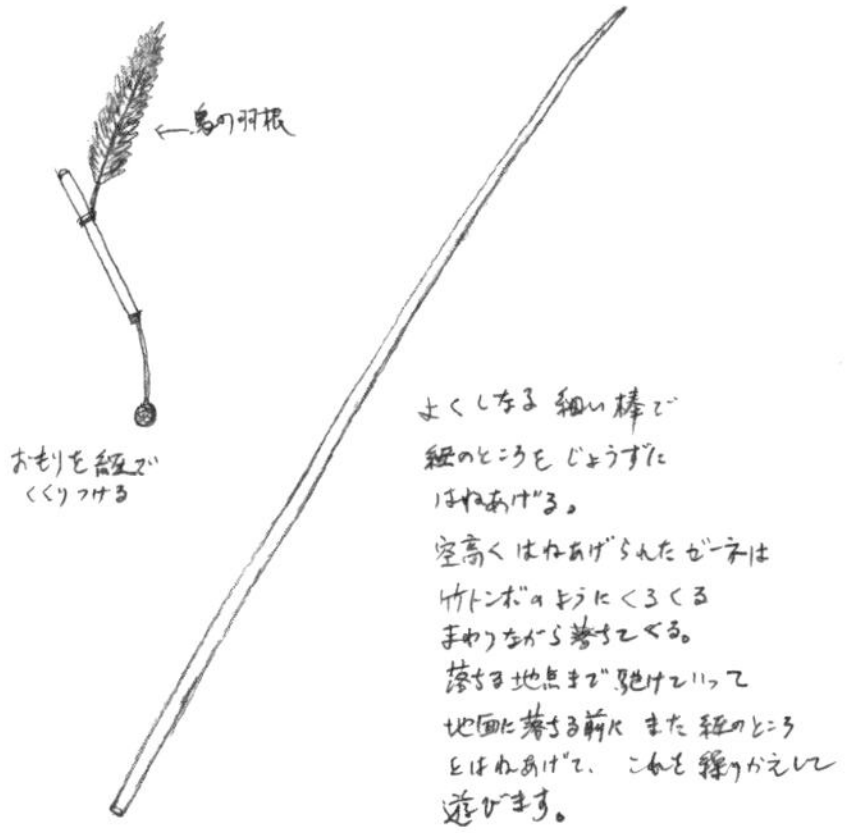
← 鳥の羽根
おもりを紐で
くくりつける
よくしなる 細い棒で
紐のところを じょうずに
はねあげる。
空高く はねあげられた ゼーネは
竹トンボの ように くるくる
まわりながら 落ちてくる。
落ちる地点まで 駆けていって
地面に落ちる前に また 紐のところ
をはねあげて、 これを 繰りかえして
遊びます。

ゼーネのスケッチ、田中作成

【解説】

ピーシツォワゴが家の近くでエランドを飼っていて、その名をガララガーと名付けた。かれはガララガーを大変かわいがっていて、ハチミツを見つけて採ってくるたびにガララガーに一番うまいところを食わせていたのである。そう簡単にハチミツは手に入るものではないが、そこはお話の世界である。ピーシツォワゴは毎日のようにミツバチの巣を見つけて、この穴からハチミツを採りだして持って帰ってきたのである。

　ハチミツを採るときには蜜蜂に刺されないように、煙でいぶして蜂を弱らせてから蜜を取るようにしている。

　ある日、父親のピーシツォワゴと一緒に狩りに行っていた弟は、同行を拒み兄と一緒にガララガーを見に行く。そしてこれを二人して殺し、エランドの肉をもって逃げた。

　帰ってきてガララガーが殺されて息子たち兄弟に持ち攫われたことを知ったピーシツォワゴは、怒り狂って息子たちに詰問するのだが、そうしながらも

彼はゼーネの遊びをする。

　彼がゼーネの羽根を飛ばしたとき、太陽ができたというが、それまでは世の中は真っ暗だった。太陽が昇るようになってから、真昼の大地は焼け付くように熱くなり、人びとは日中は日陰で休むようになったのであろう。

　まことカラハリの真夏は歩けないほどの熱砂に焼かれて厳しい大地となるところである。そうした日盛りの日中には人びとは木陰でのんびりと休み、そうしてくつろいでいるときや夕食後の団欒のひとときに昔話やピーシツォワゴが登場するお話などを楽しんで語り聞かせるのである。

Story.8

ライオンとエランドとカメ

ハムツォワゴ（ライオン）がエランドの子ども2頭を食べてしまった。エランドは実はピーシツォワゴでその子らはカーカエとコマという名だった。

母エランドは子どもを家に残して食べものを探しに出かけていた。

そして、子どもを残したままちっとも帰ってこなかった。ちーっとも。

でも帰ってみると子どもたちがいなかった。2人の子どもを追いかけた。足跡を探し探し、追いかけていった。

そうしているうちに、彼女はダムツォワゴ（カラハリテントガメ、小型のリクガメ）に出会った。

「子ども2人を探しているのだけど、こっちへ来てないか?」

2人は一緒に探しに行った。

エランドとカメの2人は行った。

どんどん、どんどん歩いていって、焚火の跡にやってきた。

「焚火の跡、ここに焚火がある。あいつ、ライオンの奴が食べて寝たんだ」

火は消えていた。

彼女はカメに言った。

「火の中に入らないように。熱いかどうか、ちょっと手で触ってみてみろ」そうカメに言った。

「ウオー、冷たい。触ってみたら、冷たいよ」

2人はもっと先へ行ってみた。

彼女は言った。「行こう」と。

カラハリテントガメ、菅原和孝・撮影

2人は足跡をどんどん、どんどんと追っていった。

2人が進んでいくとまた焚火の跡があった。

入ってみた。カメが入ってみたのだが、そこも冷たく、それで出てきた。

そして、「行こう」と言って、2人はまた追いつづけた。

足跡をたどり、追いかけていった。追って、追って、どこまでも追いつづけた。

2人はやってきた。

「ア、きのうあいつはここにいた。だから火はこんなに熱いのだ。灰だけど、火も残っている」

そこで彼女はカメに言った。「火がここにある」

壁画に彫られたライオン、その他の動物たち。ライオンの尻尾にも足型がある

カメは、手を出して熱いかどうかみるのでなく、身体ごと火の中に入った。

コップ　コップ　コップ　コップ　コップ、と焼け、

「ヤーエ、アイ、熱い！」

カメは叫んで、砂の中にもぐってしまった。

「おまえ、ろくでもない。カメよ、あいつは近い。私が1人で行くよ。行って見つけてくる」そういって出かけ、カメは残った。

彼女は1人で行った。

ずっと行って、あやつのところに着いた。

ようやくライオンの家へ。あいつのところへ。

彼女はそいつにあいさつした。

挨拶をして、そして言った。

「わたしゃ喉が、喉が渇いたんで、ライオンよ、水をおくれ。あっちのパン（窪地）に水がいっぱい溜まっているから、水を汲んできておくれ。一緒に飲もう」

ライオンは胃袋でつくった水入れをもって、その水場へ向かった。

エランドに化けていたピーシツォワゴははるか向こうのかなたのパン（窪地）にある水溜まりを教えた。水はすぐ近くにあるのに、平原のずっと向こうだといって嘘を

ついたのだ。
ここからあのゼロホナム・パンぐらいまでの10キロほどの道のりを、あいつ、ライオンは歩いていった。

ピーシツォワゴは残って待っていた。
彼、ライオンは行き、そして夕方になって水場に着いた。
水を袋に入れた。水を入れて背負った。
彼、ピーシツォワゴはライオンの家でくつろぎ、木を削った。
二又になった木を削って先っぽを尖らせた。
その木を空に向かって投げ、「空中で留まれ」といった。
「空に留まれ」と言い、それから「落ちてこい。見てろ」といった。
「イヤー　エカエン（いやー、よしよし）」
そう言いながら、エランドは休んでいた。
ライオンは日が沈んでから帰ってきた。
ライオンは水を背負って戻ってきたので疲れ、
「ハア　ハア　ハア　ハア」いって、ライオンの形になった。
人間の姿をしていたのに、家の近くにくるとライオンの姿になったのだ。
夜の闇が深くなった。というのも、火を消してしまったから。

ライオンを突き倒そうと思っても見えなかった。

しかし、小鳥がライオンの気配を感じて鳴くのが聞こえた。

小鳥たちが、「チュイ　チュイ　チュイ　チュイ」と騒いだ。

「オー、なにを騒いでいる。ライオンが来るんだからほっておけ。来させて、水をもらいたい。飲みたい。水をもってきて飲ませろ」とエランドは言った。

人間の姿になった。ライオンはまた人間の姿にもどった。

小屋のまわりをぐるっとまわってきて、水をおろした。

「袋からいっぱい水を飲め。おまえ、喉がかわいてるだろうから」

ピーシツォワゴに彼、ライオンはいった。

「わたしは家に休んでいてタバの草をしがんで食べたから喉の渇きは大分おさまった。そんなに渇いてないけど、心臓のある側の半身だけ水をほしがっている。ちょっとだけくれ。わたしはけっしてみな飲みつくさないから」

ピーシツォワゴはそういった。

そして、まっすぐに座って水を飲んだ。

四つ足動物のように口をつけて飲むのでなく。

飲みながらも、前のライオンを注意して見ていた。

飲んでいるあいだに襲われないよう。

袋がからになり、ライオンに返した。

ウィルデビーストを殺して食べている雌ライオンたち

そして、彼は言った。

「夜の歌をうたえ。口を開けろ、おまえの口を。いっしょに歌おう。ライオンよ」

「フーム　フーム、　フーム　フーム　フーム　フーム」ライオンはうなり声をあげた。

「アエ、おまえのは下手くそだ。エランドの歌をいっしょに歌おう。わたしらのカンカンというやつを」

「カン　カン　カン　カン　カン　カン」

ピーシツォワゴがエランドの姿になって踊った。

ライオンがうしろから踊ってきて襲ってくるのを恐れ、うしろを気にしながら踊った。

二又の木に、「空から落ちてこい」というと、
木は落ちてきて、ライオンの首から心臓を貫き、砂に刺さった。

ライオンは死んだ。

2人の子ども、カーカエとコマが戻ってきた。

ライオンが子どもらを食ったのだが、2人は無事に帰ってきた。

エランドは子どもらとともに帰り、家で暮らした。


そんなお話である。

【解説】

ピーシツォワゴはしょっちゅうエランドに変身するが、子どもたちも見習ってよくエランドになる。そこをライオンに食べられてしまったのである。ピーシツォワゴは近くにいたカラハリテントガメに出会い、二人で犯人を探すことになる。焚火の後があったので、新しいものかどうか、ちょっと手で触ってみろというのをカメは体ごと焚火の中に入っていって、ウワッ、アチチチ、といって砂の中にもぐり込んでしまうのだった。こうしたカメの仕ぐさは民話の中でよくみられるものである。

ライオンは太陽とならぶ悪の代表格である。百獣の王と呼ばれるライオンは怖いものなしに横行し、人びともライオンには太刀打ちできず、腿を咬まれたものもいるし、稀に咬み殺された例もある。カラハリの夏の太陽は砂も大地も木も草も人間さえも焼き尽くし、人びとは「ツァム　シカ　キア　デローツォー（太陽が私を焼き殺す）」とよくこぼしている。九月から年を越して五月ごろまで、日中の太陽はまことライオンに並ぶ悪の代名詞なのである。

そのライオンを相手に、アカシアの枝を削って先を尖らし、上空から落としてライオンの心臓につき刺し殺すのもブッシュマンたちのお話にはよく出てくる手口なのである。

Story.9

ピーシツォワゴとゴノツォワゴ

あのピーシツォワゴだろう、それとゴノツォワゴ（小さな小鳥であるが、不明）との2人がいました。

ピーシツォワゴは妻のノエツォワゴ（月）たち2人との間にたくさんの子どもを作った。

そしてピーシツォワゴはオムキャゴル（鳥の名だが、こちらも不明）のところへ行った。

彼は今度はそこで住み着くことになった。

羽根が黒く、立ち上がってプルルルと羽ばたいて、そして着地する鳥、その、オムキャゴルと呼ばれる鳥と2人は一緒になった。

オムキャゴルは彼に言った。

「お前は人びとをたくさん作ったが、私は別だ。からだは小さいけれど、年は私がうんと年長だ」といった。

ピーシツォワゴとオムキャゴルはそんなことで言い争ったりした。

ある日、ピーシツォワゴはダチョウを追い、その巣を探しあてて卵を手に入れた。

ゴノツォワゴは村で休んでいた。自分の家で休んでいたのである。

それからゴノツォワゴはピーシツォワゴが通る道すじのところまで行って、
そこでピーシツォワゴが来るのを待っていた。

ピーシツォワゴはダチョウの卵を背負って歩いて行った。

歩いて、歩いて、歩いて、夜になってもまだ歩き続けていた。

ゴノツォワゴが待っていた、その道には。

ピーシツォワゴは言った。「あっちへよけろ」

ゴノツォワゴが言いかえした。「イエーイ、お前を殴るぞ。お前の卵じゃない。私のもんだ、それは」

彼はそういって歌をうたった。

ゴノパピッピ
ツァムツビキーキ（お前の卵じゃない）
ケホツビ（私の卵だ）

そういって卵をとった。

そんな具合だった。

あ奴はピーシツォワゴが抵抗しているのに無理やり卵をとりあげた。

ピーシツォワゴは泣き叫んで走った。

彼、ゴノツォワゴは妻たちのところへ帰っていった。

妻たちと一緒に卵に穴をあけて食べてしまった。


ピーシツォワゴは翌日また出かけた。

いつもと同じように出かけたのである。

彼はゴノツォワゴが嘘をついているとは知らなかった。

じつは彼は嘘をついていたのだ。

オムキャゴルと同じように、「俺が年長だ」とピーシツォワゴに言っていたのだ。

「ゴノツォワゴが年上だから偉いんだ。おまえは子どもだ、ピーシツォワゴよ」

そういって、卵をとってしまったのである。

あいつはピーシツォワゴをだまして卵をみなとりあげた。


「エ、ピーシツォワゴはだまし取られたんだ。あんな奴、ろくでなしだ。

それだのに、あいつが大きな声で叫んで、お前をだまして、ダチョウの卵をとったんだ」

ピーシツォワゴの母が彼に言った。

「あんな奴、鳥だ。ろくでもない役立たずの鳥だから、もうだまされてダチョウの卵を取られないようにしろ。明日行って、あれ、ダチョウの卵をとってきたら、あいつが何を言ってもただ通りすぎ、あいつのところを黙って通れ。卵をもってけなどというな。お前が偉いのだから、卵をもって帰ってこい」

といった。

「彼にやるな。私のところへ持ってこい。食べるから」とピーシツォワゴの母は言った。

翌朝、息子は行った。ピーシツォワゴが行った。

いつもと同じようにてくてく、てくてくと歩いて行った。

ダチョウの卵を手に入れた。

彼はそして帰ってきた。

帰ってくると、かのゴノツォワゴがピーシツォワゴの帰り道に座って待っていた。

ピーシツォワゴはダチョウの卵を背負っていた。

あいつは座って待っていた。

彼は言った。

ゴノパピッピ
ツァムツビキーキ
ケホツビ

ダチョウの卵を料理する

と歌った。
ピーシツォワゴはだまって通りすぎたが、心の中で彼に言った。
「お前だましてる。お前はろくでなしだ。鳥の野郎だ。
ろくでなしが私の卵をとって食ってしまった」
心の中で彼はそういった。
彼はだまって背負っていった。ダチョウの卵を。
彼は通りすぎた。ゴノツォワゴのところを走って通りすぎた。
走りながら彼は歌った。

ゴノパピッピ
ツァーツビキーキ（お前の卵じゃないよ）
ツァーツビキーキ

「キーツビ（私の卵）だから置いてけ。私がもらうから」

ゴノツォワゴはそういったが、一方はだまって行った。

ピーシツォワゴは彼とは口をきかず、それを背負って帰った。

母と2人で食べた。

彼はちっちゃい鳥で見えないぐらいの大きさで、手にとってみてもろくでもない奴だった。

彼はとるに足りない役立たずの奴だのに、私をだましてダチョウの卵を食べてしまったのだ。

ピーシツォワゴはもう一切ゴノツォワゴにはやらないようになった。

そんなお話である。

【解説】

卵殻に小さな穴を開け水筒として使う

ダチョウの卵は水筒としても貴重なものなので、丁寧に直径二センチほどの穴を開けて、くの字型にした枝を入れてきりもみしてかき回し、中身をどろどろにしてから鍋に流し込む。それを焚火にかけて、かき混ぜながら煮る。鉄鍋が入ってくる前までは、熱い灰の上に葉っぱを敷き詰めてその上に流し、焼いたということである。

　割れてしまった卵殻は細かくしてビーズ細工に加工することが多い。

　小さい役立たずのくせにピーシツォワゴをだましてダチョウの卵を取りあげたゴノツォワゴがどんな鳥か、オムキャゴル同様に同定できなかったのが残念である。

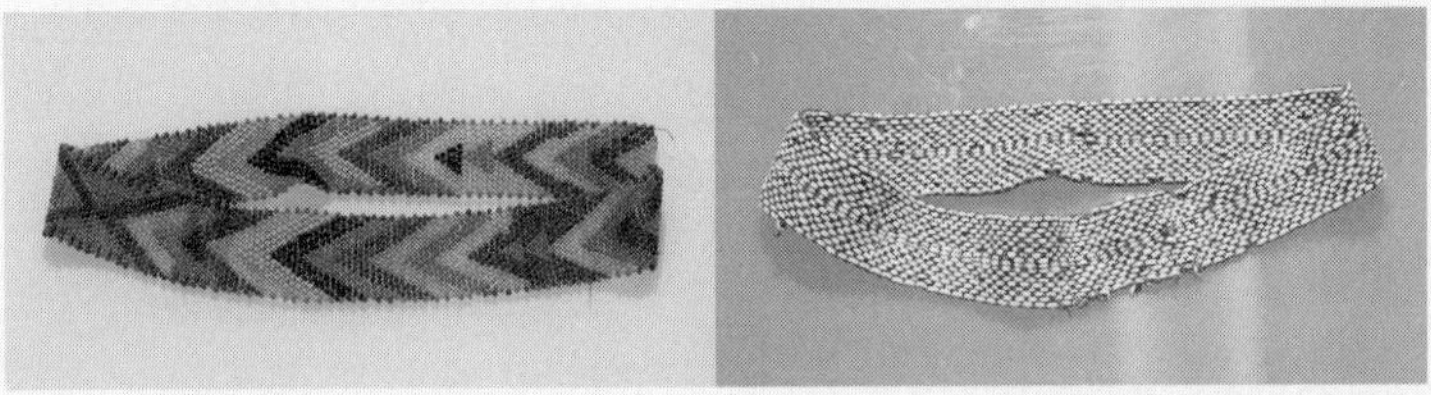

ダチョウの卵殻で作ったビーズ細工のヘッドバンド

この物語の音声データはこちら
https://youtu.be/VgJ-URpzCrQ

第2章

寓話

動物や植物についてのおとぎ話

Story. 10

リカオンとカメの競走

こんなふうに人びとは話した。

雨だろう。エー、雨だろう。

ハムツォワゴ（ライオン）だろう。それとコアツォワゴ（ゾウ）と、ゴエツォワゴ（大型のリクガメでヒョウガメ）と、カオンツォワゴ（リカオン）と。

彼らは口論をしていた。

ヒョウガメに向かって、リカオンが言った。

「とんでもなく、おまえの足は曲がっているから、俺はなんなくお前より速く走ることができる」といった。

そうリカオンがカメに向かって言った。

カメは言った。

「いやいや、俺の方が早く走れるぞ。おまえの足は長いけれど良くないから、俺はお前なんかより早く飛んでいける」

リカオンの群れが獲物を食べる、丸山淳子・撮影

獲物を食べ満腹になりくつろいでいる、藤岡悠一郎・撮影

そう言いつのった。

2人はここんところを通って走ろうと、2人で競走した。

「あっちのパン（窪地）で会おう。遠くにあるあのパンまで行って」

そして、「2人のうちどちらが先に着いて、水を先に見つけるか」と言い合って、
2人は走りだした。

リカオンは早く走れると自信をもっていたので、ちょっと途中一休みして羽を伸ばしてから出発した。

カメの方が先に着いた。

リカオンはあとからやってきた。

彼らが前に言っていたように、カメはリカオンはどこかと探した。

足が曲がっているけれども、ヨタヨタと這いながら、それでも休むことなく、彼はリカオンより早く走り着いたのである。

俺は足が曲がっていてヨタヨタとだけれどあいつより走り勝った。

短い足でちょこちょこ走りで。

リカオンも着いて、2人は水を見つけて飲んだ。

水を飲んで、そして、リカオンはふたつの金玉をブラブラさせながら、ゆっくりと駆けた。

金玉をブラブラさせながら、カブク（#kabuku）、カブク、カブク、カブクと音をたて

ながら、
そんなふうに彼は走った。
2人はこんなふうに競走をしたのである。
これで、おしまい。

【解説】

ヒョウガメ、高田明・撮影

日本の昔話には、ウサギとカメが競走し、ウサギは慢心してうっかり寝込んでしまい、ゆっくりゆっくりと歩いていったカメに負けてしまうという有名なお話がある。ブッシュマンではウサギでなく、競走相手は山犬ともいわれるリカオンであるが、まったく同じ趣旨で、面白おかしく子どもたちに語って聞かせる。

リカオンは何十頭もの群れになって獲物に襲いかかり、皆で食らいついて餌食とする。三〇回もアフリカへ通いながら私がリカオンの群れに出会ったのはただ一回だけである。

車で走っていて道路際に並んでいたのだが、カメラをとりだす前に逃げられてしまった。あの獰猛なリカオンの群れに、もし徒歩で出会っていたら、さぞかし恐ろしいことだろうと思う。

この物語の音声データはこちら
https://youtu.be/UQu9TZ0EL18

ヒョウガメを担いで帰る、菅原和孝・撮影

Story. 11

ジャッカルと犬

犬は食べていた。肉を生で食べていた。

ある日のこと、ジャッカルが犬に言った。

「昔々からわれわれ2人は肉を生で食べていたが、あっちの人間のところへ行って火を手に入れてもってこよう。2人で肉を、火を起こして、肉の焼けたのを食べよう」

このように、犬にジャッカルは言った。

彼(犬)はそこで言った。「お前は残っておれ。そんなら座って待ってろ。私を行かせろ。私が行く。そこへ行って火を手に入れよう。原野の中で、エー、火を焚いて、そして肉を食べよう」

そう言って、出かけた。

人びとの村にたどりつくと、肉のよく焼けたのがあった。それがブッシュの中の村にあったのだ。

彼は居ついてしまい、ジャッカルとは別れてしまった。

彼は食べだした。食べて、食べて、食べて、とうとう腹一杯になった。

そして彼はちっとも帰ってこなかった。もうずっと帰ってこなかった。自分の家には。

そいつ、ジャッカルが言うに、「アエ、彼は人間の村へ行って肉の焼けたのを見つけ、焼けたのを見つけて、あっちのブッシュにとどまってしまった」

「あいつは放っておこう」彼は言った。「生のままのをわたしは食べよう」

そうジャッカルは言って、犬を放っておいた。

村では人びとがずっと住みついており、犬は人びとの中で暮しつづけた。

犬とジャッカルの2人は、やがて、2人はそれぞれ狩りに出かけていって、原野の中で出会った。

犬は考えた。「ジャッカルを咬み殺してやろう」

ジャッカルは犬に言った。

「私はお前に言ったろう。行って火を手に入れたらもって帰ってこいと、そう言った。なのにお前は人間のところに住みついてしまった。だからあっちへ行け。帰ってしまえ。人間のところへ」といった。

ジャッカルは、そう、いま犬に出会って彼に話しかけた。

「私は火をとってこいと用事を言いつけたんだ。私を咬んじゃいけないよ」

ところが犬は怒って、でっかいその犬は怒って、

「お前はいつもずるがしこく嘘ばかりついて、人をたぶらかしてばかりいる」

そういって、ジャッカルに噛みついて、追いはらった。

それでジャッカルは原野に住んでいるのだ。

ということで、おしまい。短いお話である。

セグロジャッカル、藤岡悠一郎・撮影

【解説】

犬はオオカミやジャッカルと近縁であるが、大昔の中石器時代から犬だけが人間と一緒に住むようになって、狩りの手助けをするようになったといわれている。犬はジャッカルやオオミミギツネに噛みついて殺してしまうし、大きなレイヨウなどだったら吠えかかって獲物を足止めし、そのあいだに狩人が獲物に近づいて槍を刺して殺すことができる。犬だけが古くから人間と一緒に住むようになり、人間の住むところ、熱帯から北極圏まで一番広く世界中に分布するようになったのである。

この物語の音声データはこちら
https://youtu.be/wFcfHPmmKc0

Story. 12

カエンカエンツォワゴ（プリーニア）とグアェネツォワゴ（ケープ・グローリー・スターリング）

カエンカエンツォワゴ（腹は白いが、胸のところが黒くなっている小さな鳥、プリーニア、和名ムナグロハウチワドリ）だろう。

グアェネツォワゴ（輝くような青緑色のきれいなムクドリの1種、ケープ・グローリー・スターリング、和名アカガタテリムク）だろう。

2人はライオンのたくさんいるところへ行った。

ライオンのところへ行くと、彼ら、ライオンたちがエランドを殺して食べていたからである。彼らみんな人間の姿をしていて狩りに行ってエランドを殺したのだ。

2人のうち、グアェネが言った。

カエンカエンに言ったのである。

「行こう。カエンカエンよ、お前の兄貴たち（ライオンのこと）にエランドの肉をもらいに行こう」

そう言って2人は出かけた。

アカガタテリムク、菅原和孝・撮影

そして彼らのところに着いた。

彼らは2人にエランドを分けてくれた。

彼らはグアェネにエランドのお腹にたっぷり付いている脂肪をやった。

足のところの脂もやった。

心臓のところの脂もやった。腎臓の脂も。そして胸のところのも。

カエンカエンもねだったので、彼には腿肉をやった。

こうしてみんなしてそこに居つき、肉を食べた。食べた。食べた。


残った肉は束ねて縛った。

束ねてから、そして言った。

「帰ろう、それじゃ。わしらはずっと食べ続けていたから。こんなにしていたら全部食ってしまいそうだから。帰ろう、さあ。女たちのいるところへ」

そう言った。

束ねた肉を縛り終えて、背負った。

そして出かけた。歩いて、歩いて、どんどんどんどんと歩いていった。

グアェネが先にたって、歩いて行った。自分の分を背負っていったのである。

何キロも行ってから、ようやく休んだ。

肩から荷をおろした。

彼は先に行っており、カエンカエンは後から必死になって追っていって、ようやく彼が休んでいるところへ着いた。

彼はグアェネに言った。

「おやまあ、よく見てみろ、こいつの様子を見てみろ。とても年とって痩せているくせに、エランドの脂をあいつらからねだって1人で威張っておおむね独り占めしてしまった」

カエンカエンはそう言った。

けど、彼らはそうはしながらも、荷をおろし、そして黙って休んだ。

また歩きだして林を通り過ぎ、もう1つ次の木陰で荷をおろして休んだ。

ゆっくり座って休み、そしてまた荷を担いで出発した。

どんどんどんどん、グアェネは先にたって歩いて行った。

歩いて遠くへ、遠くまで行って、そして休んだ。

だいぶしてから追いついて2人は出会って一緒になったのである。

いいかね。

グアェネは運搬用のネットの中へ肉をいっぱい詰め込んで背負っていた。脂もたっ

カエンカエンツォワゴ（ムナグロハウチワドリ）、菅原和孝・撮影

ぷりあった。

ネットにつめた荷をおろして、それにもたれて休んでいるうちに、カエンカエンがようやく追いついてきた。そしてグアェネに言った。

「おまえ、足が細いのに。その細い足をよく見ろ。お前のその細い足の骨を折ってやろうか。そんなに細い足のくせに俺と張り合っている。小さいくせにエランドをたくさん、エランドのはらわたもたくさんねだってせしめてきた」

そう言った。

2人はずっと長いこと休み、そして荷を担いだ。

グアェネは怒ってものも言わず黙って先に発った。

彼はたいそう腹を立てて先にたって帰っていった。

「おまえ、ひどくしつこく喧嘩を売ってくれる。そう俺は言いたい」

そう言いすてて彼はどんどんと1人で帰っていった。

ずいぶんと行ってから村に着き、腰を下ろした。

ライオンたちも追いついてきてカエンカエンと一緒になり、そしてみな一緒に村に着いて、そしてようやく一息つくことになった。

村の中で、ライオンたちもカエンカエンも横になった。ようやくに村に帰ってきたのだ。

グアェネはずっと先に帰ってきていたが、

「叩くぞ、いいか、おまえ、カエンカエンよ、夕方までじっとしていろ。お前を叩きのめしてやるから」

そう言って彼は座っていた。彼も疲れきっていたのだ。

やがて彼はカエンカエンのところへ行って、立ちあがって彼の腕をぐっと掴んだ。引っ張って彼を倒そうと、そう思ったのだ。

カエンカエンは両足を踏んばってこんなふうに2本の足で頑張って立っていた。

カエンカエンはしかしついにグアェネに引っ張り倒された。

しかしカエンカエンは倒されながらもグアェネの首を手で、こうして首を絞めつけた。

グアェネは喉がつまって、ツォワカ、ツォワカ、ツォワカ、と喘いだ。

泣き叫び、「助けてくれ」と言った。

カエンカエンはようやくに彼を放してやって、こう言った。

「2度と俺のあれのこと、足のことを言うな。年長者たち（ライオンたちのこと）がお前にも見えるだろう。あの人たちから俺はエランドのはらわたをねだって貰ってきたのだ。

貰ってきたんだ。分かるか?

それなのにお前は俺の足を笑った。俺の膝を見て笑ったろう」

そう言って、グアェネの喉首を手でつかんだ。

そしたら、目、グアェネの目は赤くなった。

血が彼の目に一杯になったのだ。

手で首をつかみ、血が彼の目に充血した。そして赤くなったのである。

きれいな青緑色のグアェネの目が金色に輝いているのは、そのせいだったのだ。

「もう俺の悪口を言うな。俺の足のことを言うな」

カエンカエンはそう言った。

年長者たち(ライオン)もその言葉に同意してうなづいた。

彼らは言った。

「お年寄り、おまえにはここの胸のところに黒いところがあるな、見えるよな。年寄りだから、そこんところが黒くなってるのだ」

そう言って彼らはカエンカエン爺さんを笑いものにした。

2人の小鳥の特徴をよくあらわしたお話である。

【解説】

カエンカエン（プリーニア、和名ムナグロハウチワドリ）とグアェネ（和名アカガタテリムク）はどちらも年取っていたし、どちらも足は細く、どちらかというとアカガタテリムクよりプリーニアの方が小さくて華奢な気がするが、どっちもどっちのくせして、プリーニア（カエンカエン）の方から喧嘩をふっかけてきた。そして取っ組み合いとなるが、グアェネは首を絞められて充血して目が赤くなり、金色っぽくなってしまった。

カエンカエンの方は年寄って首筋の前面が黒く大きなシミとなっていて、それをライオンたちに冷やかされて大笑いの種にされている。

（カエンカエンの胸の黒い斑紋は季節により消えてなくなり、写真は黒くないときに撮られたものである）

グアェネもカエンカエンもたっぷり肉と脂をもらって大満足で帰ってきたのだが、疲れ果てて他愛もない喧嘩をする中で二人の鳥の特徴をよく表しながらユーモラスに語られるお話である。

毒矢を射かけられて弱ったゲムズボックに槍を投げて倒したところ

Story.13

ハイエナとドゥロンゴ

ヌーツァツォワゴ（ハイエナ）とハムツォワゴ（ライオン）の2人がギューツォワゴ（エランド）を放牧しながら歩いていた。

ハイエナは雌だったのだが、彼女が突然エランドを弓矢で射った。矢で射って殺し、食べてしまったのである。

ライオンはエランドを失って帰ってきた。

コエツォワゴ（ヒョウ）やグビツォワゴ（ジャッカル）やカオンツォワゴ（リカオン）などと一緒に住んでいる村へ。そして言った。彼ら村人に言った。

「私たちが行ったら、ハイエナの奴が俺のエランド2頭を食べてしまった」

そう言った。

そうこうして、今度はヒョウが彼のエランド2頭を追って放牧に行った。

行くとやはり雌ハイエナが2頭を射殺した。

彼のをみんな射って食べてしまった。

ヒョウは帰ってきて言った。

「アエ、お前は正しい」

ライオンに言った。

「お前の言うとおりだ。私が2頭連れていったら、彼女め、2頭を射って食べた」

彼らはそんなことを言いあった。

今度はリカオンが2頭のエランドを連れて放牧に出かけた。

彼女、雌ハイエナの奴がそいつらもみな殺して食べてしまった。

それでも彼らはずっとそこに住みつづけていた。

そうして、ジューバツォワゴ（ウサギ）のエランド2頭が残った。

ナウナネツォワゴ（ドゥロンゴ）の2頭も残っていた。

4頭のエランドだけが残ったのである。

そこで、次にはウサギが彼の2頭を放牧に連れていった。

彼は言った。「私は行くが、彼女に私のは殺させない。私のはちゃんと連れて帰ってくる」

そう言って2頭を連れていった。

行くと、彼女がそれを射った。2頭とも殺し、彼女は居座って2頭をすっかり食い平らげた。

ウサギは帰ってきて、彼らに言った。

「ヤア、ヤア、お前らは正しかった。エー、私のも、彼女は食べてしまった」

とウサギはライオンやヒョウなどに言った。

ドゥロンゴ（クロオウチュウ）が言った。

「ヨシ、それでは私の2頭を連れて行こう。彼女がそれを食べるのを見てやろう」

そう言って彼の2頭を連れていった。

行ってあいつが2頭を食べるのを見てやろうと、この2頭を連れて歩いているところへ彼女が現れて、弓矢で射ようとした。

彼女が矢をつがえるのを抑えて、「イヤイヤ、待て、ちょっと待て」

「私がこの2頭に草を食わせてくるから、そのあいだちょっとだけ待ってくれ」

といった。

そうして彼女をだまして2頭を追って逃げだした。

ハイエナはゆっくりと休んでから、彼らを追った。

追跡し、どんどんと行った。

ドゥロンゴの行ったあとには火を焚いた跡があった。

そこを過ぎさらに行った。

彼らの後を追いかけ、追いかけ、追いかけ、さらに行った。

また火の跡を見つけ、足で掻いてみたがすでに火は消えていて冷たくなっていた。

「オー、あいつ私をだまして、逃げていってしまいよった」

そう言いながら、またあとを追っていった。

追いかけ、追いかけ、追いかけて、次の焚火にたどり着いたが、その火も消えていた。

彼女はさらに追った。

朝になってようやく追いついた。

疲れ果てて、太陽が高く昇ってくるまで休んだ。

彼らも昼頃までエランドを休ませて草を食わせていた。

彼女は、砂が熱く焼けて足がやけどをするほど暑かった。

「おー、熱い。ちくしょう、わしの足が焼ける」

そう言いつつ走った。ドゥロンゴの足跡について走った。

走っていってついに彼らに追いついた。

ハイエナがこっそりと2頭のエランドに忍び寄って矢を射ろうとしているのを見つけ、ドゥロンゴは彼女のところに近づいて言った。

「イヤイヤ、待て。おまえ、まず俺を射て。俺の肝臓のところを射よ」

彼は細い木の枝にとまっていた。

そして「俺の肝臓のところを射よ」といった。

彼女は射たが、彼は飛び上がって空中にいた。空中で羽ばたいていた。

矢ははずれて砂に落ちた。矢がそれて落ちた。彼女は腕を引きしぼって発射したが、矢は当たらず落ちた。矢がそれて落ちた。

射っては矢がはずれ、またはずれて、ついに矢はなくなった。

ドゥロンゴは矢を全部手に入れた。

そして彼女に言った。「弓をくれ。俺にも射たせろ」

彼女はイイヤと拒むこともなく弓を差しだした。

彼女に「まっすぐに座っておれ」といった。

彼女は「いいよ」といった。

彼女はこんなふうに両腕を広げて腹をだして座った。

彼女は言った。「こんなふうに、私の肝臓めがけて私を射て」といった。

たった1本の矢で、彼女の肝臓のところを射抜き、彼女は死んだ。

ドゥロンゴはエランド2頭を追って帰った。矢ももって帰った。

「あんなのを殺すのは易しいことなのに、おまえたちは難しいといった。エ、私は彼女を殺してやったぞ」

彼はそういった。


そんなふうだった。

ライオンやヒョウなどの動物たちの中で知恵のまわるドゥロンゴだけにできたことである。

【解説】

ヒョウ、菅原和孝・撮影

ライオン、リカオン、ヒョウ、ジャッカルと獰猛で嫌われ恐れられている猛獣ばかりが出てきて、彼らが放牧に連れていったエランドをこれも嫌われ者のハイエナが弓矢で射てみな食べつくしてしまう。いたずら者で有名なウサギの所有するエランドさえも射殺してしまった。そこでいよいよ知恵物のドゥロンゴの出番である。彼はなんだかんだとハイエナをだまして連れまわし、最後には目の前の細い枝に止まって、エランドを射る前に私の肝臓をみごと射抜いてみろと挑発する。ドゥロンゴは身軽な鳥なので、発射寸前に飛び立ち矢をよけて空に舞い上がった。ハイエナは次々と矢を射かけるがどれも失敗して地面に落ちてしまった。矢を射つくしたハイエナは弓をドゥロンゴに差しだし、では私の肝臓をぶち抜いてみろ、と逆に挑発を投げ返す。ドゥロンゴは冷静に弓矢を構えて見事ハイエナの肝臓を一発で射抜き、撃退した。知恵者ですばしっこいドゥロンゴにしてできる業であり、そんなお話で人びとは憂さ晴らしをすることもある。

Story.14

コンコンツォワゴとコアツォワゴ（ゾウ）

コンコンツォワゴは小さな、雀よりもっと小さな小鳥であるが名はわからない。

彼はまだ母のお腹の中にいた。

ある日のこと、母とお腹の中のコンコンツォワゴの2人は出かけた。

するとコンコンツォワゴの兄があちらからやってきた。

「俺は母さんたちを訪ねてきたのだ」と言った。

彼はコアツォワゴ（ゾウ）を娶っていた。

兄さんはやってきて母の近くに座ろうとした。

「アエ、兄さんの匂いがするようだ」

母の腹の中にいながら、コンコンツォワゴが言った。

「どれ、出ていって見てやろう」

「エー、そんなことしたら、わたしゃ死んでしまうよ」

母さんは言った。

「イヤ、出ていったあとはちゃんと縫っておくから死にはしないよ」

お手数ですがお買い上げいただいた本のタイトルをお書き下さい。

（書名）

■本書についてのご感想・ご質問、その他ご意見など、ご自由にお書き下さい。

■お名前

（　　歳）

■ご住所

〒

TEL

■ご職業

■ご勤務先・学校名

■所属学会・研究団体

■E-MAIL

●ご購入の動機

A.店頭で現物をみて　B.新聞・雑誌広告（雑誌名　　　）
C.メルマガ・ML（　　　）
D.小会図書目録　E.小会からの新刊案内（DM）
F.書評（　　　）
G.人にすすめられた　H.テキスト　I.その他

●日常的に参考にされている専門書（含 欧文書）の情報媒体は何ですか。

●ご購入書店名

都道府県　市区町　店名

郵 便 は が き

料金受取人払郵便

左京局
承 認

1117

(差出有効期限
2021年9月30日
まで)

6 0 6 - 8 7 9 0

(受 取 人)

京都市左京区吉田近衛町69
京都大学吉田南構内

京都大学学術出版会
読者カード係 行

▶ご購入申込書

書 名	定 価	冊 数
		冊
		冊

1. 下記書店での受け取りを希望する。

都道府県　　　市区町　　　店名

2. 直接裏面住所へ届けて下さい。

お支払い方法：郵便振替／代引　　公費書類(　　　)通　宛名：

送料　ご注文 本体価格合計額 2500円未満:380円／1万円未満:480円／1万円以上:無料
代引でお支払いの場合 税込価格合計額 2500円未満:800円／2500円以上:300円

京都大学学術出版会
TEL 075-761-6182　学内内線2589 / FAX 075-761-6190
URL http://www.kyoto-up.or.jp/　E-MAIL sales@kyoto-up.or.jp

「イヤイヤ、お前がそんなことをしたら、腹を裂いて出ていったりしたら、死んでしまう」

「どれ、まあやってみよう。大丈夫だよ」

そんなやり取りをして、彼、コンコンツォワゴは出てきた。母の腹から。

そして裂け目をしっかりと縫った。

古い袋を肩にかけていた。

彼は子どもなのに。たったいま彼は母のお腹から出てきたばかりなのに袋をもっていた。

兄は言った。「俺は帰る」

「じゃあ、一緒に行こう」コンコンツォワゴが言った。

だが、兄は断った。

「俺はむずかしい奴をめとっているんだ。怒り狂うやつを。彼女はお前を殺してしまうぞ。たったいま生まれたばかりの匂いをお前から嗅ぎとって、殺してしまう。お前はまだ小さいから」

こういって兄は拒んだのだが、でも弟はいうことを聞かず、2人は行った。

どんどん行くと道でクロエリノガン[★1]がいたので、それを生きたまま袋に入れた。

★1 第26話

途中いろいろな鳥がいた。ドゥロンゴ（クロオウチュウ）がいた。ホロホロチョウもいたし、キバシコサイチョウなどなど、見つけた鳥をどれもこれもみな捕まえて袋に入れてもっていった。

そのうちに夕方になった。

2人はハーテビーストの群れに出会った。彼らは採集にいっていて、そこから家に帰るところなんだと言った。

「アエ、兄さん、あれがそうかね。あの後ろにいるのがあんたの嫁さんかね」

「ちがう。バカなことを言うな。黙っておれ。いますぐに会わせてやるから」

2人はどんどんどんどん行って、ハーテビーストの群れを通りこして、そして今度はゲムズボック★2たちと出会った。

★2 29頁写真

彼は言った。

「兄貴、あのきれいなのか、あれがそうか?」

「イヤ、ちがう、ちがう」

2人は通りすぎてさらに行き、ウィルデビースト（オグロヌー）たちの村にさしかかった。

彼は言った。「あれか?」「いやちがう」

2人はウィルデビーストの村を通りすぎた。

ハーテビーストの群れ

その村を過ぎると、エランドたちと会った。

「これかい？」彼は問うた。

兄貴は首をふって言った。「いやいや、ちがう」

もっと歩いていくと、キリンたちの群れがやってきて通りすぎた。あのもっと向こうの方に、俺たちは住んでいるのだ。キリンたちをやり過ごし、そしてついに兄貴たちの住んでいる村に着いた。

家に着いて、家を囲ってある柵の中に座って、兄貴はコンコンツォワゴに言った。

「この囲いの中で寝ろ。ここには他の子どもたちもいるけれど。いいか、妻がおまえを殺してしまうから」

彼はそう言ったが、コンコンツォワゴは拒んだ。

「俺はあんたたちのところで寝る。囲いのなかで寝るのは嫌だ。俺はわざわざ訪ねてきたのだから、兄さんの嫁さんを見たい。俺たちは親戚なんだから」

そう言った。

座って待っていると、帰ってきた。たくさんの女たちが帰ってき

ウィルデビースト、菅原和孝・撮影

た。

兄貴が言った。

「ア、あそこ、あいつらだ。いま帰ってきた。いま、あそこを帰ってくる」

来た、来た。たくさんの、灰色っぽいゾウたちがやってきた。

村まで帰ってきて、ここで彼コンコンツォワゴの匂いを嗅いだ。彼女たちは、その匂いをかいですごく興奮した。興奮して猛り狂って、彼を捕まえようと思った。

コンコンツォワゴはピーっと口笛を吹いた。うまいこと吹いて、ゾウの鼻の上に乗っていた。ゾウが捕まえようとしたら、うまく身をかわして逃げ、鼻につかまっていた。

そいつを捕まえて鼻で叩きつけようと思ったが、彼は鼻にしっかりとつかまっていた。

彼を叩きつけて殺してしまおうと思ったが、ひょいと飛んで脇腹にとまった。こっちだと思って叩こうとしたらあっちへ逃げ、そっちだと思ったらこちらへと、殴りかかっても、ひょいひょいと逃げる。

ゾウが殴ろうとしたら、袋に入れてあった鳥たちが、

「ツォエ、ツォエ、ツォエ、ツォエ」と鳴きだした。

それでゾウはびっくりして殴るのをやめた。

2人はそこへ敷物をしいて寝ころがったので、コンコンツォワゴは「俺はその横に寝たい」といい、一緒に寝た。

「俺は姻戚の兄嫁の近くに寝る。すぐに帰ってしまうんだから」

そう彼は言った。

彼は袋をそばに置いて、そして横になった。兄とその妻の2人と一緒に、そこに寝た。

寝た、寝た。よく寝ているふりをした。

彼はいびきをかいているふりをした。「フー、フー」と彼は音をたてた。

彼女、嫁さんのゾウは、それで彼が寝ていると思った。彼女は片方の太ももをもちあげた。

すると鳥たちが騒いだ。「ツュイ、ツュイ、ツュイ、ツュイ」と鳴いた。

彼の目を覚まさせ、彼は立ちあがった。

彼はまた座り、そして横になった。

やがて彼女はもう寝てしまったと思って、腿をもちあげて、腿のあいだで彼を挟み殺そうと思った。

鳥たちが一斉に立ちあがり、近くに寝ていた子どもたちも一緒になって、

「キュマ、キュマ、キュマ、キュマ」と騒ぎたてた。

また寝て、そんなふうにして夜が明けた。

「イヤー、行こう、朝になったから俺は行く。一緒に行こう。母たちのいるところへ」

「兄の妻を見たい」そう母さんが言ってたから。

彼女は夫である兄に盾ついて言った。

「行きたくない。お前の弟のやつが嫌がっている。どうしようもない奴だ。夕べのことを考えてみろ」

そう言いつつも、ともかく3人は出かけた。

彼女は兄と弟の2人に言った。

「こ奴を私はよく見てもいない。この子はきのう来たばっかりだから、私は知らないよ。あいつは私を殺すにちがいない。途中で殺されるだろう。胎児と一緒に流れだしてくる羊水みたいなもので私を殺してしまうだろう」

3人はどんどん行った。

パン（窪地）に近づくと、彼女は1人で先に行った。

パンに着くと、彼女は泥浴びをして、干上がらせてしまった。

2人が後から着いてみると、すっかり水を飲み干してしまっていた。

パンの水は全部飲み干されており、まったく飲むことが出来なかった。

2人はさらに行った。彼女が先に行って、その足跡をついていった。

つぎのパンに着いたら、そこもまた水は飲みつくしてあった。

そんなことを繰り返していたが、コンコンツォワゴは言った。

「俺は走っていく。向こうへ先に行って水を汲んでおくから、それを2人で飲もう」

そう言って走っていった。そして先まわりして彼は水を汲んだ。

水を汲んで、隠しておいた。

そこへ彼女がやってきてパンの水をみな飲み干した。

待っていると、兄が追いついてきて、3人は歩きはじめた。

ちょっとだけ行ったところで、コンコンツォワゴは陰毛を抜いて投げた。

するとそれはハゲワシになった。抜いては投げ、抜いては投げ、それはみなハゲワシになったのである。

ハゲワシの羽音を聞いて、それをおそれたホロホロチョウやクロエリノガンなど、鳥たちが「チョ、チョ、チョ、キョ、キョ、キョ」などと鳴き声をたてた。

ハゲワシが地に降りてきた。


それで兄が言った。

「ハゲワシが降りてきて食ってしまう。おまえ、そんなことしてるが、ハゲワシがわしらの食いものを食いつくしてしまうじゃないか。ハゲワシを追いはらってこい。

彼女はここへ残しておこう。それでわしら2人で行こう」

彼女はここで待っていた。

2人は立ちあがって走り出した。

走っていったら、尖った木が兄の足を刺した、彼はひどく痛がって泣いた。

「イエーイ、痛いよー」

「アエ、どうしたんだ。来い、傷を見てやろう。どれ、行って木を抜いてやろう」

と言った。

「イヤイヤ、お前は傷を見たら、胸が痛むだろうから、あいつを追いはらえ。おまえの心臓はまだ弱いから」

兄がそう言ったので、コンコンツォワゴは彼女の方へ戻っていった。

彼は立ってそこまで行くと彼女に言った。

「こんな針を2本もってこい。2本くれ。ここ、あんたの心臓のところにダニが止まっていて、それを取ってやるから」

彼は嘘をいって、そういった。

彼女は1本だけ彼にわたした。

彼は言った。

「イヤイヤ、こんなのを2本くれ。新しい針を2本、長いのを。

ここへ置け、二股になったのを」

それで彼女は渡した。

そのピンセットのような形をした針で彼コンコンツォワゴは彼女の胸を刺した。

「エーエ、痛いじゃないの、殺す気か」

「もっと深いところに入りこんでいるから」

彼はそう言って、心臓にぶすりと突き刺した。

ガンッとやった。刺した。こんなふうに。

彼女はひっくり返った。死んだ。

彼女は死んだ。


それで火を焚いた。

乳房を切った。彼女のところに座りこんで、ナイフをあてがって切った。

「ケ　ツアレ　ケメ、　ケ　グリ　ホ　ツォン（俺は小さいけれど、でっかいのを殺したぞ）」

そんな歌をうたった。

ハゲワシはいなくなっていた。それで兄も引き返してきて、弟が妻を殺したのを知ると、狩猟袋の中の矢筒から矢をとりだし、そいつを弓につがえて射ようと思った。

コンコンツォワゴが言った。

「おいで、先にこの肉を味わってから、俺を殺すがよい」

兄はやってきた。彼は肉を切って、兄にあげた。

兄は味わった。

食べてみて、「うまい」と彼は言った。

2人の男は肉を切っていった。切っていってなくなった。

2人は腹の中にいた子をとりだした。

出して置いた。兄の子だ。

胎盤は大きく、あたり一帯に広がった。2人は切って切って、フンコロガシを胎盤のところに置いた。

「イヤー、そんなフンコロガシ、とれ、捨ててしまえ。投げ捨てろ」

兄はそう言ったが、コンコンツォワゴは兄に見つからないように、1匹を下の方に隠して、1匹だけ上に置いた。兄は怒って上のを投げ捨て、そして2人は静かに胎盤を切る仕事をつづけた。

下にいたフンコロガシが羊膜を裂いた。

水が飛び出した。子どもを包んでいた羊水が。

あっちの方へ親たちのいる村の方まで広がっていった。ドーッと。

穴を掘ったけど、水は穴を覆いつくすと、とび越えてずっと広がっていった。

もっと向こうにも穴を掘ったが、水はもっとずっと広がっていった。

「もうほっておけ。戻ってきて、肉を食おう」と言った。

水は兄の家を通り、弟の家に達してとまった。

翌朝、荷造りをした。

家財道具などなにもかもを荷造りして、出かけた。

水が通ったあとをたどっていくと、シロアリの塚があった。

あちらの村の方からは大勢の人びとがやってきたので、兄は怖くなって泣きべそをかき、シロアリ塚に入って隠れようとした。

コンコンツォワゴが「開け、そしてそっから入れ」と言った。

塚の口が開いたので、兄は入った。

塚のなかは小さく狭かったので、彼は出てきて、外にいた。

あちらに大きな塚が見えた。

「あそこにあるシロアリ塚へ行って、入れ、人びとが、ホラ、やってくるから」

大勢がやってきた。兄は逃げた。

「彼らが私を殺すと言っているのを、ほら聞いてみろ」

兄は走りに走って塚のところで、

「開け、入るから。ほら開け、入るから」

そう言ったが塚の口は開かなかった。

コンコンツォワゴが座ったまま、

「開け、いま糞が入るから」

そう言ったら、シロアリ塚の山が開いて、兄が入った。

「そーっと小さな隙間をつくって、あいつらが俺を殺そうとしているのを見ておれ」

彼は兄に言った。

彼を殺そうと槍をとりだし、構えようとしたとき、彼コンコンツォワゴは屁をこいた。

プシューとやった。そしたら彼らは死んだ。

彼らは走ってきて槍でやっつけようと思った。棍棒でたたこうと思ったが、身をかわされて、木をたたいた。

プシューっと大きな屁をかましたらみな死んでしまった。

砂のうえに転がっていた木に彼は止まっていた。

兄も塚から出てきた。

村人はみな死んでしまっていた。

ゾウの嫁さんの肉も一緒にして、2人してたくさんの肉を切ったのである。

そんなお話である。

【解説】

どの鳥のことをいうのか同定できないがとても小さな小鳥のコンコンツォワゴが、兄が結婚相手にしている象とその村の全員をやっつけてしまう話である。

兄と一緒に嫁さんの象の村へ行く途中で数えきれないほどのたくさんの鳥たちやレイヨウ類やキリンの群れに出会い、ようやくにして象の村にたどり着く。もっていた皮袋の中に鳥たちを皆入れて持ち歩いていった。そんな鳥たちを代表してスマートで愛らしいオオカンゲリの写真を載せておくことにする。

オオカンゲリ、菅原和孝・撮影

顔の長い馬面のハーテビーストの群れに出会い、狩りの獲物の代表格であるゲムズボック、何千、何万頭と大群で移動するウィルデビースト、のっぽで首の長いキリンの群れなどとすれ違いながら、ついにゾウの村へとたどり着いた。

村で一泊するのであるが、寝ている間にゾウは夫の弟とはいえ、この見知らぬちび鳥のコンコンツォワゴをひねり殺してやろうと、腿の間で挟みつぶそうとする。しかしそのた

キリンの群れ

ゾウの群れ

びに袋に入れてある鳥たちが騒いで注意をうながし、まわりに寝ていた子どもたちも加勢して、コンコンツォワゴは無事朝を迎える。

翌朝、コンコンツォワゴと兄は嫌がるゾウの嫁さんを連れて母の村へと出発する。途中水のたまったパンがいくつもあったが、ゾウはそこで泥浴びをし、たまり水をみな飲んでしまった。コンコンツォワゴは知恵をしぼって鋭い長い針を二本もらい、ダニがついているから取ってやると嘘をついて兄嫁の心臓にぶつりと深く針を刺して殺してしまった。村人たちも大挙して集まってきたが、コンコンツォワゴの強烈な放屁で、村の人びとはみな死んでしまった。大きなゾウを何頭も解体して、コンコンツォワゴと兄、そして彼らのお母さんの三人でたらふく肉のご馳走にあずかったといういささか奇抜でかつ猛々しい物語である。

Story. 15

ウサギとライオン

こんなお話がある。

ジューバツォワゴ（ウサギ）だろう、コアツォワゴ（ゾウ）だろう、雨だろう、それにハムツォワゴ（ライオン）だろう、彼らが言い争いをしていた。

雨が言った。「お前たち、自分たちの声を出してみろ。聞いててやるから」そういった。

ライオンは「ウォー」と大きく吠えた。

雨は言った。「なんだい、お前のは小さいな。そんなしょぼくれた声はやめろ。なんだ、そんなものやめておけ」

ライオンは吠えるのをやめ、座った。

ゾウが啼いた。

ゾウは彼のあの甲高い声で啼いたのである。

ウサギも精いっぱいに啼きつづけた。

雨は言った。「そんなのでは駄目だ」

彼は言った。「お前らのはろくでもない。どれ、黙って俺が小便するのを見ておれ」

といった。

そう言って、少しだけ雨を降らせてみせた。

彼は雨を降らせた。

それを見て、ウサギはいたずらをしてやろうと思った。

ともかくその場はそれでおわり、解散した。

「このエランドの胸のところの脂肪を。いいかい、脂肪を。お前たち、鍋でたくさん煮ろ」

ウサギがライオンに言った。

そうしていると、雨雲が覆ってきた。

ア、ア、ア……と水を飲んで、それからザァーとこぼした。水を。

カラカラに干上がっていたところに、ゴロゴロ、ピカッと雷鳴をとどろかせて水が降ってきた。

カラッ、トットットッ、ダーン、といって荒れ狂った。

人びとはトビウサギを見て歌った。

ヘッカイ、ホッキャム、ホットム、ホッキャム
ヘッカイ、ホッキャム、ホットム、ホッキャム

雷鳴がとどろきわたった。
雷があばれた。どこもかしこも。
雨が降った。どこもかしこも。
トビウサギの足は2本だけが残って、前足がなえた。
どのトビウサギの前足もこんなふうになえてしまった。
雷の奴めが打ちすえて、前足を駄目にしてしまったのだ。
エッ、雷が打ちすえて、彼は足がこんなになってしまったのだ。
ヘッカイ、ホッキャム、ヘッカイ、ホッキャム
といった具合に、トビウサギはカンガルーのように2本の足で跳び、穴の中に入った。
それから、穴に水が入るのを防ぐため、後ろ足で砂をかき、縁に盛りあげた。
彼は後ろ足で砂をかいた。トビウサギは砂をかいたのだ。
水が入ってくるのをおそれて、砂をかいた。

ところで、ライオンに向かってウサギは言った。

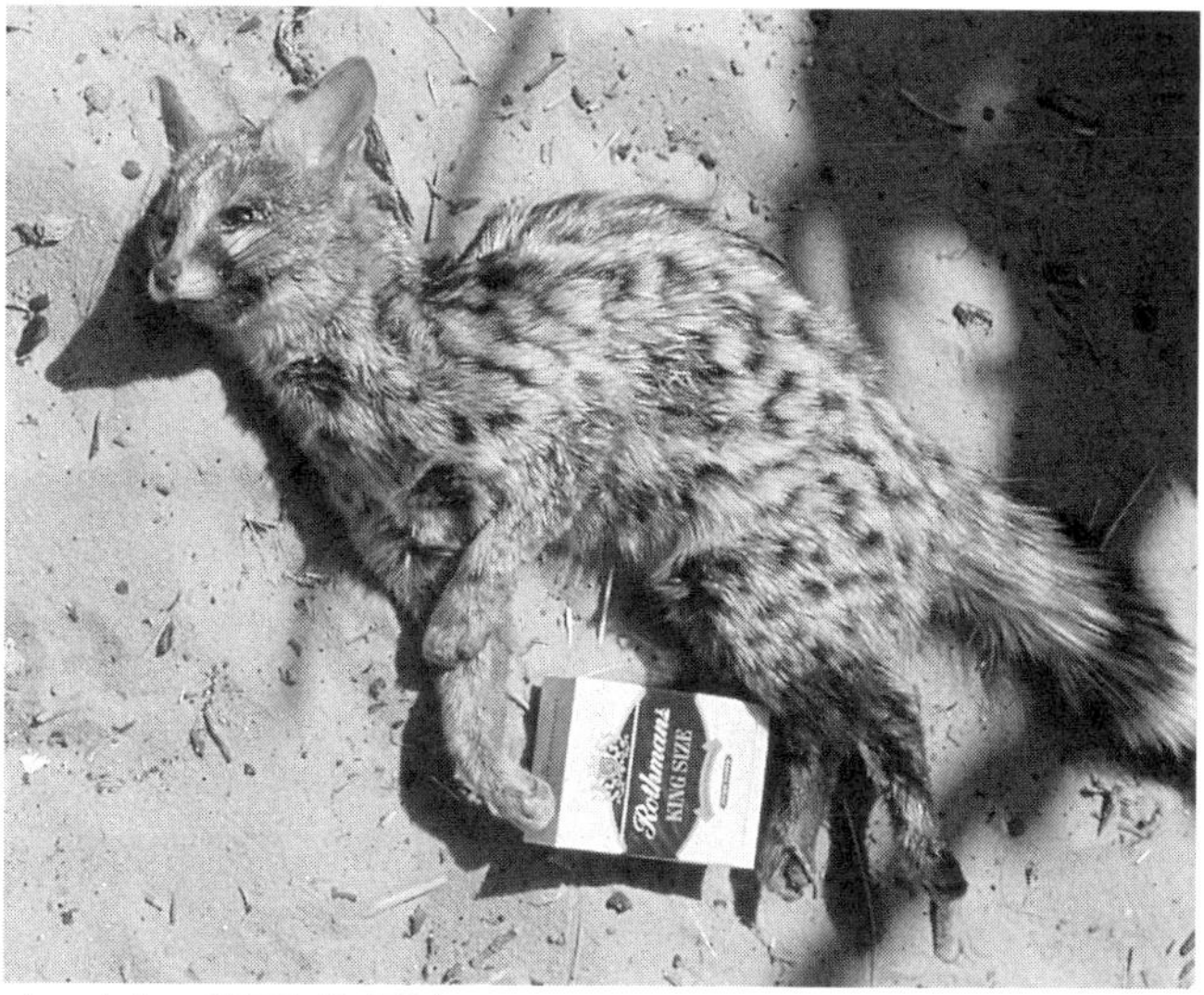

ジャコウネコ、菅原和孝・撮影

ノウサギ、菅原和孝・撮影

「小屋の入口に登って屋根を葺いてくれ。雨がわたしたちをたたきのめすから」といった。

それで、あいつ、ライオンは登った。

そうしたら、ウサギは縫いつけた。彼の金玉を。

彼が登って屋根の草を結わえているあいだに。小屋の木に縛りつけ、縫いつけた。

縛りつけ、縫いつけた。きっちりと固く縫いつけた。

縛りつけた。強く、強く、しっかりと縛りつけた。

さて、あいつは降りようとわたしたちの方を見た。そして飛び降りようと。

すると、ウサギはエランドの脂身を切っては食べていた。

ライオンは言った。「エー、お前、誰がお前にやった？」

ウサギは言った。「いやいや、俺はそんなのを食べてるんじゃない」といった。

そう言いつつ、脂を切っては食べ、切っては食べしていた。

ライオンは降りようと思いながら、「誰がその脂をお前にやった？　誰がやると言った？」

そう言っているうちに、雨雲がわいてきた。風も吹いてきた。

それでライオンは、「雨がまた降ってくる」彼はそう思った。

ところがウサギはいたずらを、ちょっとした細工をしていたのだ。

ライオンの金玉を縫って縛りつけてあったのだ。

雨が小屋の入口に降りかかってきた。

「葺き終わってしまえ。雨が俺たちをやっつけるぞ」

雨がたたきつけ、雷がとどろきわたるのを聞いて、彼は思った。

跳び降りようと思った。

しかし、彼の金玉はきつく縛られていた。

「エッ、お前ら、いったい何をしたのだ」と思った。

金玉がきつくて動かない。

降りようと思ったが、金玉がきつく、そう、しっかりと縛られていたのだ。

腱を撚った糸できつく縫いつけられていた。そして木にくくりつけられていた。

ライオンは降りようと思ったのだが……

ライオンは言った。「エ、ウサギよ、お前が俺にこんなことをしたんだな」

「イヤイヤ、兄貴、わたしはあんたに、兄貴にそんなことをした覚えはない。わたしがどうして兄貴、あんたの金玉をくくりつけたりするもんかね」

ライオンは小屋の上で死んだ。

ウサギはライオンに言いつけて肉を煮させていた。

ウサギが肉を、そしてライオンが脂肪を食べることになっていた。

ウサギは脂肪をやるのが嫌だったので、ライオンをだまして殺したのである。

ライオンが小屋に登って葺いているときに。

ウサギが腱の糸を作っているので、ライオンが、

「なんでそんなことをしているのか」と聞くと、

「口にあてて演奏するギターのような楽器のための糸だ」といった。

しかし、じつはそれは、ライオンの金玉を縫いつけるための糸だったのである。

ライオンが死んだあと、ウサギは脂を独り占めして食べた。


ウサギはライオンの皮の中に入りこんでライオンの妻をだました。

彼女の夫に化けたのである。

彼女はコムの実を摘んで、それをもって帰ってきた。

ウサギはライオンの皮を着た姿で、摘んできた実をくれと言った。

妻は実をうつわに入れて子どもにもっていかせた。

彼はそれを食べた。コムを座って食べた。

彼は女が採集に出かけると、皮から抜けだしてコムを食べ、そしてくつろいだ。

女が帰ってくるのを見ると、急いで皮の中にもぐりこんだ。

そうこうしているうちに、ある日、妻は少しだけコムを摘み、早く帰って彼にやろうと思った。

彼女が帰ってくると、彼がおおあわてして急いで皮の中に入るのを見た。

妻はそれを見て、ウサギの奴が夫の皮を着ているのを知った。

「こいつ、だまくらかしていたんだ」と叫んで、皮袋ごとコムを置くと、杵をとりあげた。

夫の皮をかぶった奴をたたき殺そうとふりかぶった。たたきつけられる寸前、ウサギは皮から跳びだした。

ウサギは跳びだして、パン（窪地）をつくった。

パンに水をいっぱいにし、草を茂らせた。

彼は水を飲んで、ゴエツォワゴ[★1]を訪ねた。

雨期の季節だった。

「わたしの技で水をいっぱいに満たし、草を茂らせてやった」ウサギはいった。

「行ってみよう。草を食べたい。行こう。水を飲ませてくれ。わたしは喉がかわいて死にそうだから」とヒョウガメがいった。

「食べたら、遠くへ行って糞をしろよ。おまえが近くでやると、臭くてかなわんからな」

「ウウン、行こう。俺は穴を掘ってその中に糞も小便もするから」といった。

それで2人は行った。ウサギのすみかの草原へ。

「水をくれ」といって、水を飲んだ。

「おまえはなにを食べるんだ」

「俺はカベの葉[★2]を食べる。ナウの葉[★2]も」

★1　ヒョウガメ、大型のリクガメ。第10話

★2　カベ（//kabe, *Talinum crispatulum*）、ナウ（//nau, *Oxygonum alatum*）、いずれも桑かい草でブッシュマンが好んで食物とする

彼は腹一杯になり、「帰る」といった。

「帰れ。俺は残る」ウサギがいった。

「じゃあ、残れ。元気でな」そう言ってヒョウガメは帰った。

帰ってしばらくするとゾウが大勢でやってきた。

ヒョウガメは一寝入りしてから糞をした。すごくいっぱい。

カベの葉を食べた糞を。すぐ近くで。小便もした。

ゾウはその糞を見て、「誰だ、糞をしたのは。ア、カベの葉だ。よい草を食べて、水も飲んでいる。ヒョウガメ、おまえだな。おまえが糞をしたろう。おまえの足跡だな、これは」

「いやいや、俺じゃない。多分ダムツォワゴ★3だろう」

「これはダムツォワゴのじゃない。あいつの足跡は小さい」といい、「誰がおまえに草を食わせたんだ。言わないとたたきのめすぞ」そういった。

「ウサギだ。彼が水をくれたし、草もくれたんだ」

「そいつはどこにいるんだ?」

「あっちの方の草原にあのウサギが住んでいる。そこから彼はやってきて、誘ってくれたので、2人でそっちへ行き、俺に水を飲ませてくれた。そして彼はそのままそこへ残っている」

★3　カラハリテントガメ、小型のリクガメ。第8話

「牛を連れていって水を飲ませろ」彼らは子どもにいいつけた。

子どもが牛を追っていった。

ところが、ウサギは水を飲ませるのを拒んだ。「水はない」

そういうので、彼らは引き返した。

ライオンやゾウのいるところへ帰った。

「ウサギは水があるのに飲ませてくれない。拒んでいるので、牛たちは水がなくて死んでしまう」

ライオンやゾウたちは自分らで牛を連れていった。「死んでしまうから」といって。

それでウサギは水をつくってやった。

彼らは牛に水を飲ませた。

ライオンやゾウたちが身体を洗おうとしたので、

「水は少ないから洗ったらだめだ」とウサギは断わったが、

「いや、水はたっぷりある」といって洗った。

ウサギは水を干上がらせた。

そしてウサギは穴に入った。

ライオンが入口のところで尾をつかまえたのだが、

「おまえ、それ、入口のところの木をつかんでいる」といって騙し、ライオンが手をはなしたとたん、穴の中に逃げこんだ。

穴を掘り進んでいって遠くの方で跳びだし、ケラの木にあいた穴に入って、こんどはジャコウネコに化けた。

ジャコウネコの皮をまとって化けたのだ。そして座っていた。

ライオンがやってきてジャコウネコの皮を身につけて化けているウサギに問いかけた。

「ここへウサギが通りかからなかったか?」

「いやー、見てないね」

あの、兄貴の金玉をくくりつけたウサギの奴がジャコウネコになりすまして言った。

ライオンたちはそこらじゅうを探しまわったが、ウサギを見つけることはできず、とうとうあきらめて帰っていった。

いたずら者の天才、ウサギのお話である。

【解説】

大きな雷に打たれてトビウサギの前足は萎えてしまった。それでトビウサギはカンガルーのように後ろ足だけでピョンピョン跳んで走るようになった。そして昼間のうちは迷路のようになった穴の中でじっと休んでおり、夜になると出てきて草を食べるようになったのである。

ウサギはイタズラばかりするが、ここでは小屋作りを手伝ってもらっているライオンが小屋の屋根を葺いているのに熱中している隙をねらって彼の金玉をしっかりと柱の木に縛りつけてしまった。ライオンが大きな雷の音に驚いて跳んで降りようとした拍子に金玉がちぎれて死んでしまうのである。ウサギは肉も脂も独り占めしようとライオンを殺したのだ。

ライオンの皮をはいで、ウサギはすっぽりとその皮をかぶりライオンに化けた。その姿でライオンの妻をだまし、コムの木の実をせっせと採らせてきては食べていた。しかしある日ライオンの妻がいつもより早く帰ってきて、ウサギがあわてて皮をかぶろうとしているところを見つかり、杵で叩き殺されようとする寸前に、彼はまさしく脱兎のごとく逃げだした。そしてケラ（*Ochna pulchra*、脂肪に富んだおいしい実がなる木でブッシュマンの主食の一つである）の大木の洞穴の中へ隠れた。ジャコウネコの皮を見つけ、今度はその皮をかぶってジャコウネコに化けた。

ヒョウガメに会い、ゾウの群れにも会ったりするが、結局はライオンの友人たちが探しまわったあげく、ケラの木の洞にいるジャコウネコに化けたウサギを見かけ、「ここら辺をウサギが通りかからなかったか？」と問いかけるが、ウサギはまったく動じることなく、「そんな奴は見かけたことがないよ」と煙にまいたので、ライオンはあきらめて立ち去り、ウサギは無事に逃げきったという物語である。

Story.16

パラツォワゴとウサギ

ハムツォワゴ（ライオン）の男たちは食べものを置いておいた。パラツォワゴ（パラは実在でなく架空の動物だということである）だろう、ジューバツォワゴ（ウサギ）だろう。この2人が男たちのものを盗んだ。

パラツォワゴは食べておらず、ウサギがみな食べたのだ。

男たちが帰ってきて
「誰が俺たちのカネ[★1]を食べたんだ？」

問われて、2人は
「イーヤ、われわれは何にも食べてないよ」

と首をふって答えた。

「そんならお前たち、こうしてお尻を出してみろ。尻の穴をよく見てやる」

2人は尻を出して見せた。が何も見えなかった。

2人の尻には何もついていなかった。2人はうまくやりおおせたのだ。

★1　コムと同属の小粒だが甘くて美味しい木の実（*Grewia retinervis*）

こんなふうに、2人はまた同じように盗んで食べた。

何度もなんども盗んでは食べた。

その日、男たちはまたカネをもって帰ってきた。

2人はそのカネを盗んだ。だが食べたのはウサギだけだった。

ウサギは1人でそれを食べつくしてしまった。そして糞をした。

少し離れて彼はパラツォワゴに向かって言った。

「アエ、あいつらまたやってきて問い詰めてくるだろう。どれ、お前の尻を出してみろ。尻の穴の様子を見てやる」

彼は尻を突きだした。

ウサギは自分の尻の穴から、カネの実のカスをぬぐい取った。

カネの実のカスをパラツォワゴの尻になすりつけたのだ。

男たちが帰ってきた。夕方帰ってきて言った。

「エ、またこんなことをしている。なのに、盗んでないと言ってる。お前ら、俺たちのカネがなくなってるじゃないか。ケツを出せ、見てやる。出してみろ、見てやるから。お前ら、嘘ついてるんだから」

ウサギは否定してこう言った。

「アエ、そんなら尻を出すから見てみろ。尻を出すけれど、食べてないから、文句を言うぞ」

彼の尻の穴には何も見えなかった。

パラツォワゴが尻を出し、見るとそれがあったのだ。

「イエーイ、お前の言うとおりだった。お前じゃなく、パラツォワゴが食いよったのだ」

そういって、パラツォワゴを殺した。

そいつを食べた。食べて、食べて、食べて、それから移動した。

食べきれず、食べ残しをウサギに担がせて移動した。

彼らはどんどんと移動していった。


そしたら、ウサギがこうつぶやいた。

「へ、俺が細工をしてやった。だから俺はここにこうしておれる。食べたのとはちがう男を指してやったから、連中は彼を殺した」

ライオンはそれを聞いて
「お前いまなんと言った？」

「イヤイヤ、わたしは、わたしが言ったのは、休もう。あいつの腿肉が重いから。パラツォワゴの足が重いから、少し食べて軽くしよう。軽くなったら運ぶから」

そう言ったのだと嘘をついた。

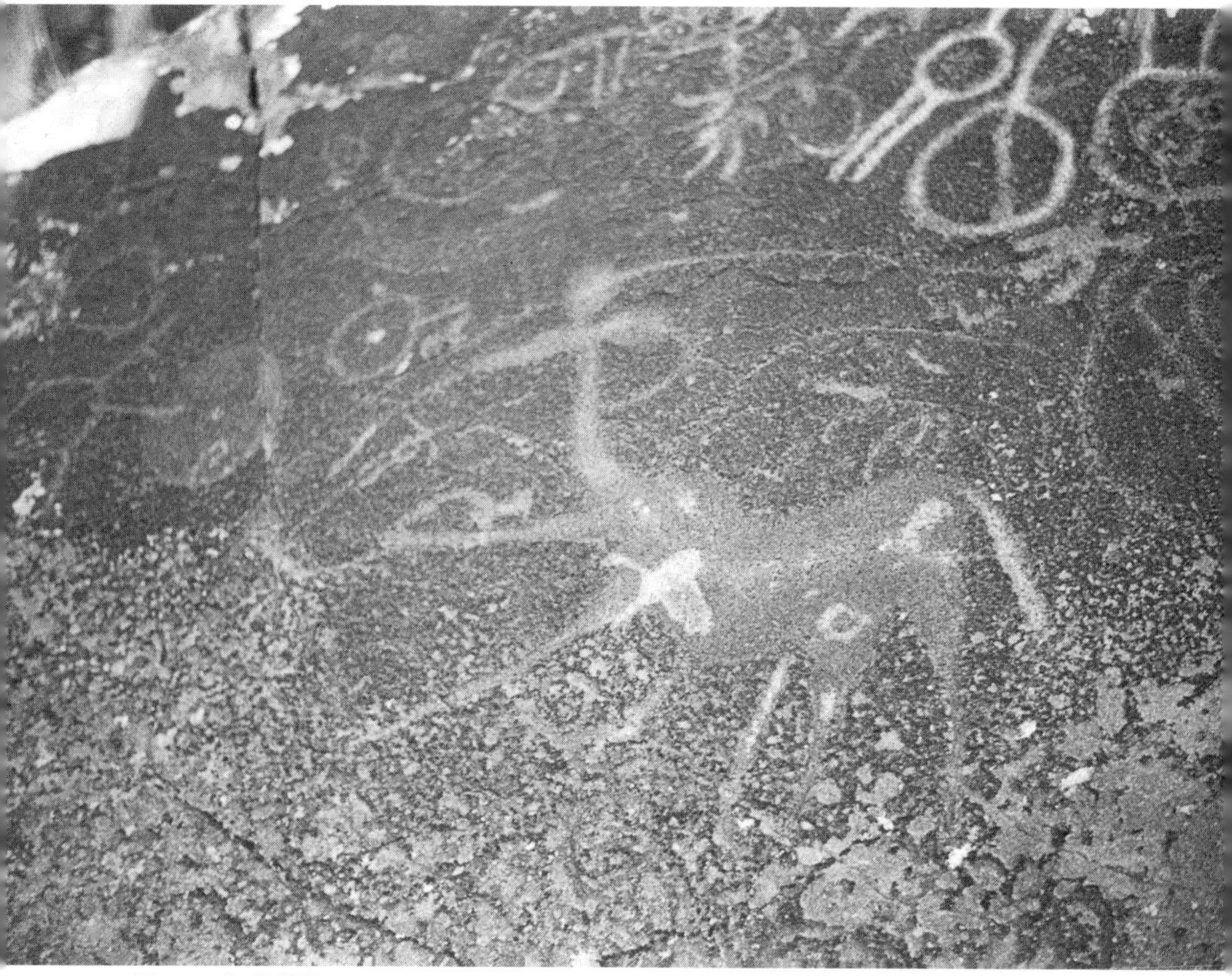

パラツォワゴの岩壁画

彼らは肉を食べて、それからまた出発した。

どんどん、どんどんと歩いて行った。

ウサギは歩きながら、つぶやいた。

「俺はうまくだましてやった。食べて、ちがう男のことを告げ口してやったら、殺された」

ライオンは言った。

「イエーイ、エ、お前なんと言ったのだ」

「イヤイヤ、重たい、とわたしは言ったのだ。重くて肩が痛い。重くてバテた。わたしは泣きたいほどだ」

そんなふうにしながら、彼らはどんどんと行った。

移動していって、そこでキャンプした。

パラツォワゴを食べつくしてしまった。

ウサギはこう言った。

「あの日、嘘をついて、それでここにおれる。イヤー、わたしがうまくやったのだ。わたしが食べたんだ。ほかの人が食べたと言って、あいつは死んでしまった。わたしは何ともなく生きている」

ライオンは言った。

「アエ、お前は嘘をついて、カネを食ったのがあいつだとだまくらかして、それであ奴を殺させたのだな。そうしてお前はのうのうと生きているのだな」といった。

「こいつを殺せ。ふん捕まえて」

と思ったら、彼、ウサギは逃げた。

ライオンが穴の中へ飛びこもうとしたウサギのうしろ足を掴んだら、「お前ら、穴の横の小枝を掴んでいるだけじゃないか」

そう嘘をついてライオンが手を離したすきに、すかさず穴の中に飛びこんで隠れてしまった。穴の奥の方へどんどんどんどん掘って行った。掘り進んでいって、そして遠いところで穴を開けて出てきた。外へ出てきたウサギは音のしないように走って遠くの方まで逃げていって姿をくらませた。

木の洞を見つけてその中に入りこみ、ジャコウネコ★2の毛皮をかぶってジャコウネコに成りすまして座っていた。ライオンの男たちはウサギを捕まえようと走りまわって探し、木の洞の中にいるものを見つけた。

「ずるいウサギの野郎を探しているのだが、あいつはどこにいるのか？　あんた、見かけなかったか？」

「イヤ、私はウサギなんか見てないよ」彼こそがジャコウネコに化けて木の洞の中にいたのだが、シャーシャーと嘘を言いたてた。

ライオンたちはウサギを追い、ようやく彼に追いついたかと思ったのに、そいつは

★2　第15話

ジャコウネコの毛皮をまとっていた。木の洞にそいつは座りこんでいた。彼らはそいつのところを通り過ぎてしまった。

「俺こそうまいことしてやったぜ。ジャコウネコに化けているが、俺こそがここにこうして座っているのに」

ライオンたちは懸命になってウサギを探しまわった。どうしても見つからず、彼らは諦めて去って行った。


おしまい。

【解説】

ブッシュマンたちが語る昔話には殺人鬼や怪人、半人半獣像が出てくるように様々な不思議なものがある。しかし架空の動物が出てくるのはこのお話がはじめてである。こんな絵が大昔の壁画に残されているということは、こうした架空動物が過去の民話の中でも語られていたということに他ならないであろう。

ウサギはいつものようにライオンたちをだまくらかし、無実のパラツォワゴに罪をなすりつけて自分は平然と生きのびていく。しかしつい調子に乗って、自分がカネを食ったのだと独りごとを言ってしまい、ライオンに気づかれてしまう。そしてついに追われる身となった。だがその後の経緯は前回の「ウサギとライオン」と同じストーリーが展開し、木の洞の中に入ってジャコウネコに化け、探しながら追ってきたライオンをやり過ごしてしまう。

お話にはいろいろなバージョンがあり、語り手によって、彼の好みで一部を別のバージョンに付け替えたりして、それも聞く人びとにはまた面白く受け取られるのであろう。

Story. 17

ヌイツォワゴ（脂肪の子）

ゼロツォワゴ（ダチョウ）はこんなことをしたのだ。
ダチョウは子どもをもっていなかった。
エランドの脂肪を手に入れ、しっぽの脂肪や血なども一緒にして、
ヒツジの脂肪もいっしょに入れて、彼女は子どもを作った。
一緒に煮たものをヒョウタンの中に注ぎこんだ。その脂の煮たものを。
乳をしぼって、それも一緒に入れた。
彼女はヒツジの尾を切り、脂肪をとりだした。
ヒョウタンに注ぎこみ、そして乳をしぼってそこに入れた。
脂肪が入っているその真ん中へ注いだ。
尾から滴り落ちる血も、そこへ注いだ。
どんどんと注いで、そして子どもを作った。
彼女は子どもをもっていなかった。
子どもをもっていなかったのだが、脂肪はそうしているうちに子どもになった。

血と一緒になって、男の子と女の子が出てきた。
ダチョウはその2人を、歩いていって立ちどまって見つめ、
また歩いていって立ちどまって見つめしながら、
2人と一緒に歩きまわった。
雨が降ってパン（窪地）に水がたまった。
彼女は隠して誰にも見せなかった。その子どもたちを。
彼女は子どもたちを隠しておいた。
水を汲み、水をガブガブと飲んでいると、人びとがやってきた。
彼らはダチョウのことをあざ笑った。
彼らは彼女のことをあざ笑い、そして言った。
「おやまあ、こいつを見ろ。こいつには胸（おっぱい）がない」といった。
「膝がこんなふうになっている」と笑った。
「膝がこんなふうに焼け焦げて禿げになってるよ」と笑った。みんなして笑った。
「きょうは」彼女は言った。「私は帰るから」
「水を、私のために汲んできておくれ。人びとが私のことを笑うから」といった。
子どもたちにそう言いつけ、2人の子どもは水を汲んだ。
男たちが丘の上を越えてやってきた。

女の子たちがいた。パンの中に。

そこで男たちはあの女の子を見た。

「あ、俺のだ。あ、俺のだ。こいつを俺はめとる。こいつと俺は結婚するぞ」

彼は言った。彼女に言った。「水をくれ。飲ましてくれ」と。

ほかの者が汲んできたのを彼はことわった。

彼は言った。「あそこにいるあの人。私が名指した人。あの人に水を汲んでもらいたいんだ。私の言ったのはあんたじゃない。あの人に、水をくれ、飲ましてくれといったのだ」

彼はほかの女が水をもってきても受けとろうとせず断わった。

彼女は起きて立ちあがり、コップを手にとった。

泥をかきわけて水を汲み、彼のところへもっていった。

彼はそこで水を飲んだ。彼は水を飲んだ。

女たちは水を汲んで帰った。

男たちも帰った。


彼女のことを、「いやいや、女の子をわれわれは見たがすばらしかった」

「美しい人をわれわれは見た。あそこんところに彼女はいたんだ」

「美しい人をわれわれは見た。ダチョウの家の娘だ」

彼はとても素晴らしいあの人に求婚した。

この人に言って水を飲ませてもらった。

そういう訳なんだ。

彼は、彼は、言った。「この人を私はめとって連れて帰るぞ」と。

男たちはそこでダチョウの家のところを通った。

水場を発って、それから家のところを通った。

そしてこう言ったのだ。「この人を私は嫁にするぞ。ヌイツォワゴ（脂肪の子）を」

母親が言った。

「おまえ、あの男と結婚するのかえ。あいつらは私のことを笑ったのよ。あいつら私のことを笑った。私の膝が焼け焦げて禿げていると、私のことを笑った」

母親はそう言った。

「おまえ、笑っているけれど」娘を、母を笑ったからいやだという娘を黙らせて、言った。

「好きなら、彼と結婚しろ」と。

彼女は彼と結婚した。

彼は彼女と結婚し、彼女を連れて、彼は帰った。

そして馬をとりだした。彼は馬をとりだした。

そして馬を引き出して連れてきた。

彼は馬を母子のところへ連れていって彼女を乗せ、連れ帰った。

彼女は母に言った。

「私はずっと以前から母さんを見ていた。ヒョウタンから出てきたときから。私はヒョウタンから出てくると小屋の屋根を葺いた。そこで私はひどい目にあわされたのだ。犬に。

私は死にはしないよ。だけど私はあの犬の小屋へ行ってさんざんな目にあった。

私を、人びとが私をだましてひどい目にあわせた。

とんでもない小屋の屋根を葺いてバカを見た。新しい私の小屋を作るよ」

と彼女は母に告げ、夫と彼女の２人は出ていった。

彼女を馬に乗せ、どんどん、どんどん、どんどん、どんどん行った。

ハゲワシが舞いおりていた。彼は、ハゲワシが降りているので、彼女に言った。

「お前、馬に乗ったままでおれ。あのハゲワシどもを追い払うから。どんなものを食べているのか見てくるから」

ところで、彼女はビーズの首飾りをつけていた。

なんとたくさんのビーズ細工を彼女は身につけていたことか！

衣服もなんといいのを着ていたことか！

彼はハゲワシを追い払った。

動物の死体を見つけて舞い降りてきたハゲワシ

犬がいた。じつは近くに犬の家があったのだ。

その犬は穴の中に住んでいたのだが、出てきてやってきた。

ハゲワシは飛び去っていた。

犬は彼女をだまして言った。

「ビュー、全部くれ。私に着させておくれ。おまえの衣服はとってもすばらしいものばかりだから。おまえのを私に着させて見てごらん。おまえも見てごらんよ」といった。

彼女を馬から降ろした。

彼女は袋をおろした。彼女が袋をおろして、砂の上においた。

着ているものを脱いで犬にわたした。

犬がそれを身につけていった。

そして言った。

「見てみろ。どれも私をきれいに見せるだろう。私をきれいに。

行こう。私の家へ。いっしょに私の家へ歩いていって、私の家の中の様子を見てみろ」

といった。

2人は行った。

犬は家（穴）の口に向かって、「口を開けろ。この人の小屋の入口を。口を開けろ。口を開けろ」といった。

小屋（穴）の入口が開いた。

彼女が入ると、「閉じろ」といった。

穴は閉じた。彼女を閉じ込めたままで。

つまり、犬は彼女をだまして、彼女を穴の中に埋めてしまったのだ。

犬は座って砂の上にいた。

ハゲワシは食べものもないところに降りていたのだが、男が追い払って戻ってくると、砂の上にそいつ、犬が変装した奴、がいたのだ。

彼女を私は馬の上に乗せて、「そのままでいるように、と言ったのに、おまえはどうして砂の上に降りているのだ」といった。

そう言いながらやってきた。そして言った。

「おまえ、降りたのか」

「わたし降りたよ」

彼は彼女をかかえて馬に乗せた。

彼も馬にまたがった。

家に戻ってきた。

親戚たち、義父母たちが、2人を大事に迎え入れ、塗り薬をさしだして、

「これをとって塗れ」と差し出した。

2人は薬を塗った。からだじゅうに塗りこんだ。

犬は塗り薬をすりこんでもきれいにならなかった。犬の肌はガサガサなものだから。

ところが男の方はきれいになった。彼は人間だったから。

2人は薬を塗り、そして座った。

人びとはずっと一緒にいたが、モロコシの粥のよく煮えたのをもってきておいた。

彼らはスプーンを洗って2人に差し出した。

彼は妻だと思っている犬に1つわたして、「食べろ」と言った。

彼女は断わって、「私は母が私を産んで以来食べたことがない。こんな食べ物は食べたことがない」そんなふうに犬は言った。

だけれども、本当は彼女は食べるのだ。本当は食べるのだ。

カプッ、カプッ、カプッ、カプッ、カプッ、と犬特有の音をたてて。

人びとにそんな音を聞かれるのを恐れたのだ。

それで夫は1人で食べた。

そして小屋へ行って寝ようと言い、粥の椀をおいた。

彼らは火のまわりに座りこんで、話をつづけているうちに、太陽が沈んだので、
どーれ、と彼らは寝た。彼らは寝た。

横になって、敷物の上に。

そして彼らはすっかり寝込んでしまった。
彼女は毛布の中に入ったまま起きあがり、
抜け出して粥を盗んできた。あのよく煮えたのを。
そして、カプッ、カプッ、カプッ、カプッ、カプッ、といわせて食べた。
彼の方は毛布の中に横たわっていたが、ムチをとりだすとそいつを打ちすえた。
キャインと鳴いた。
犬を叩いたと思ったのに、「私を打ったわね」という声が聞こえた。
彼は彼女がそういうのを聞いた。
そんなことをしているあいだに夜が白みだした。

人びとは朝になって穴を掘った。

穴を掘った。掘った。掘った。でっかいのを。そう、こんな大きな穴ができた。

彼らは彼女に言った。

「入れ。犬なら穴の中に座って仔を産むもんだ。仔犬と一緒に座っているような格好で座ってろ。見ててやるから」といった。

それで彼女は穴に入り、人びとは熱い湯をわかした。沸かしておいた。

そして彼女に、「ちゃんと座れ」と言った。

彼女は穴に入るとそこに横になり、犬がするように寝そべって座った。

こんなふうに穴の中に横になった。

彼らはそこでお湯をとりあげ、その穴の中に注ぎこんだ。

彼女は焼け死んだ。彼女は焼け死んだのだ。

彼はほかの犬たちを連れ、自分の犬たちも連れて、オオミミギツネを狩りに行った。

妹は残った。彼の妹は残っていた。

後に残って、モロコシを搗いた。

ツワナ人たちがやるようにそれを搗いた。

彼のあの人が出てきた。ヌイツォワゴが。

彼が結婚したあの人が出てきた。

彼女は義妹と2人で休んでいた。

休みながら臼を搗き、そして彼女は妹に言った。

「あなたの兄さんがまだ私とちゃんと結婚していないとき、私は母と、ヌイツォワゴのままでいて、私は1本の腕だけで、腕1本だけで搗きつづけた。いまは犬にだまされて砂に埋められて弱ってしまい、両の手で交互に搗かないと搗き終わらない」

陽が傾いて、彼女と結婚し夫となるはずの男が夕方帰ってきた。

彼女は出てきたあの穴の中に入ってしまっていた。

兄が帰ってきて、そこで妹が彼によく煮えた粥を与え、そして言った。

「兄さん、ここにあの人がいたよ。すばらしいきれいな人が。

ほれ、以前まだあなたと結婚していないときは、彼女のおうちで、彼女は腕1本だけでモロコシを搗き終えることができたのに、犬にだまされて穴に埋められ、弱ってしまってできなくなった。前には1本で搗き終えたのに。

そう彼女は私に言ったよ」

彼は妹に言った。

「俺の妻だぞ。おまえはどうしてあいつに、ここに座っておれと言わなかったのだ。兄がいま帰ってくるからと」

「いいえ、私はそんなことを言ってるんじゃないの。あんたはただ明日この小屋で、あんたの小屋で、横になっていればいい。私は1人でモロコシを搗いているよ。彼女は明日やってくるだろうから。彼女はあした小屋にいるようにと言っていたから」

朝になった。

彼らが寝ているうちに、彼は自分の小屋の片隅に、彼の小屋の片隅に、彼は横たわった。

小屋の入口を閉じて、入口を閉めておいて、

私が種子を、あれ、モロコシの種を搗いていると、彼女がやってきた。

彼女はやってきた。1人で勝手にやってきた。

モロコシを搗きつづけた。

彼女は夫の妹に言った。

「あなたの兄さんが私とまだ結婚しないとき、母さんと私はまだ一緒にいて、私は片方の腕だけでモロコシを搗き終わったものよ」といった。

彼女はなおも仕事をつづけた。

彼女は搗き終わったモロコシをザルに入れてゴミを吹き飛ばし、鍋の中に入れて木でかきまぜた。

「鍋をおろせ」といった。「それをもって、あっちへ、もって行け。あの小屋へ」

彼女は粥を盛った食器をもっていって置き、また別のをもっていった。

最後に残った1つを、外に残っていたのを小屋にもっていった。

もっていったところで彼が立ちあがり、彼女を抱いた。

彼は女を抱いた。

彼は、「これが私の妻だ。これが私の妻だ。これが私の妻だ。私の妻はこんなにすばらしいのだ。犬の奴が私をだまして私の妻をひどい目にあわせた」といった。

彼女が悲鳴をあげたが、彼は「殺しやしない」といった。

「私だから静かに」といった。

そんな具合にしていた。2人は。

人びとは夕方彼女に塗り薬を塗った。塗り薬を付け、それできれいになった。

彼らは夕方彼女に塗り薬を塗ってやり、きれいになった。

彼らは2人に粥を盛ってやった。
2人は粥を食べた。彼はそれを食べ、そして寝た。
翌日、女たちはモロコシを搗いた。太陽が昇る前にモロコシを搗いた。
臼を据えて、そして搗いた。
やがて、太陽が昇ってきて暑くなると、脂が溶けだした。
彼女は脂肪からできていたので溶けだし、砂の中に浸みこんでしまった。
彼は牛を2頭、連れてきた。
牛2頭を。角のある牛と角のない牛を。
彼はそれで牛に掘らせた。
牛たちは足でひっかき、角で掘りかえして、掘った。掘った。
どんどんと掘った。
そうして彼女を掘り起こし、彼にわたした。
彼は彼女を受けとって暮らした。

これが、たくさんあるお話の1つである。
これでお話はおしまい。

【解説】

ダチョウ、菅原和孝・撮影

ダチョウは子どもをもってなかったので、ヌイから子どもを作った。ヌイ（ǂnui）とは脂肪のことである。人びとは脂肪が大好きで、肉料理にエランドなどの脂肪を混ぜこんで味を良くして食べる。このお話はそうした脂肪だけでできた娘をめぐる物語である。この娘をパンの水場で見つけた若者が一目惚れして彼女と結婚することになる。

ハゲワシがたくさん飛び回っているので、若者は娘を馬に乗せ、ハゲワシの様子を見に行った。そのあいだにあのたちの悪い犬がやってきて、娘のご機嫌とりをする。娘の素晴らしいきれいな衣装と飾り物を自分が身に着け、悦に入って人びとの前で見せびらかす。村人が祝福してモロコシのお粥をご馳走し

犬が吠えかかってオオミミギツネを狩りしている、菅原和孝・撮影

てくれた。花嫁衣裳を着ているが彼は犬なので、お粥を食べるのはやめておいた。犬がお粥や汁気の多いものを食べるとき、カプッ、カプッ、カプッ、カプッ、と音をたててかぶりつくが、正確には彼ら独特のクリック音を用いて、!kapu, !kapu, !kapu, !kapu, と発音し、この舌打ち音が実際に食べる音にいっそうの効果を発揮する。

犬はヌイツォワゴと一緒に住みかの穴の中に誘い

入れ、彼女を閉じ込めてしまった。花嫁の姿をしているのが悪い犬だと知った人びとはお湯をぶっかけて殺してしまった。ヌイツォワゴは穴の中に閉じ込められて弱っていたので、以前は片手でモロコシを搗き終えていたのだが、いまは手をもち換えてようやく搗き終えることができる状態だった。

犬たちはみなで狩りに出かけた。そしてオオミミギツネを見つけ、これに吠えかかって噛みついて殺した。

キツネやジャッカルを狩るときには犬を使って、咬み殺させて獲ることがふつうである。ふつう犬は従順なのだが、ここで登場する犬はたちの悪い奴だったのである。

この犬を退治することにより、新郎と新婦は仲良く暮らしていた。人びとは塗り薬をやって、それを塗ると犬のガサガサの皮膚と違ってきれいに化粧ができた。しかし、ある日陽が高く昇って暑くなったら、ヌイツォワゴの脂肪が溶け出し、砂の中に浸み込んでしまった。人びとはウシ二頭を連れてきて砂を掘らせ、無事にヌイツォワゴを助け出して二人は平穏に暮らしたのだ。話はあちこちに飛び火しながら進行するが、脂肪からできた女性という突飛な発想を評価すべきであろう。

お話の中には馬が出てきてそれに乗ったり、最後には牛が登場してヌイツォワゴを掘り出して助けてくれる。ヌイツォワゴ自体が羊の脂も混ぜて造られている。ブッシュマンたちはブッシュフェルトの中で自給自足の生活をしているが、稀に一五〇キロメートル以上離れた農牧を営むバントゥの村へ出かけていって鉄製品、針金、タバコなどを毛皮と交換してくる。そんな時に牛や馬や山羊、羊を見かけているので、一五世紀ごろにバントゥと接触して以降、民話の中にも羊や牛や馬をとりいれたのであろう。比較的最近になってお話の中に犬以外の家畜が登場するようになったのだと思われる。

この物語の音声データはこちら
https://youtu.be/RJZqD3Pdw7w

Story. 18

ツチブタ（ゴオツォワゴ、英名：アードワーク）の話

彼はその昔ツイーツァムという人間の女と結婚していた。

彼はその女を捨てて、ゴオツォワゴ（ツチブタ）を妻にした。

ツチブタの彼女は脂肪がのって太っていた。

ところがツイーツァムは痩せており、彼女の子どももそのまた子ども、つまり孫にあたるが、みな痩せていた。

彼はツチブタを見つけたのだ。

ツチブタは脂肪をたっぷりと蓄えて、太っていた。

彼はその女を娶ることにした。

彼は彼女を連れて帰ってきた。彼の家へ。

彼らは暮らし、彼は狩りにも出かけた。

彼らはずーっと、ずーっと暮らしていた。


ある日のこと、彼は女たちに言った。

ツチブタ（提供：Aflo）

「ツイーツァムを、ツイーツァムが俺と長年連れ添ってきたのだ。

彼女を妻にするから歌をうたえ。

ツイーツァムの母も娘もみな歌をうたって、そして踊れ。

ツチブタは起きてないから寝かしておいて、歌って踊れ」

彼は、ツチブタが寝ているところを、こっそり忍びこんで槍で刺し殺してやろうと考えた。

肥えてうまそうなツチブタを食ってやろうと思ったのである。

彼らは歌をうたい、踊りをおどり、そして夜になった。

夜が更けても女たちは歌をうたい、彼は踊りつづけた。

ツチブタはそっと立ちあがって焚き木を掴んだ。

彼女は知っていたのだ。

この男は自分を食べようとしていることを。

歌をうたえと言ったので、彼女には分かったのだ。

彼は踊りをおどりつづけていた。

彼女はそうっと抜け出して、小屋のなかに入った。

彼女は火のついた焚き木を脇の下に隠して、そのまま向こうの方へ行った。

遠く離れてから、彼女は焚火を取り出し、それを振りかざした。

火は大きな篝火となった。

彼は思った。雨だ。稲光が光った。

そう思い、女たちに言った。

「雨が来るから、歌え。大きな歌を」

「上手な歌をうたい、踊りをおどって、そして終わろう。雨が降るから」

ツチブタは彼が怖くなったので、行ってしまった。遠くの方まで逃げてしまっていた。

彼は踊りつづけていたが、彼女らが歌をやめたので、槍をとりあげると家に忍んで行った。

向こうの方へ行くときに、彼女ツチブタは毛布で臼を覆っておいた。

男は、毛布でおおわれているのは、その下で彼女が寝込んでいるのだ、と思った。

そう思って臼を槍で突き刺した。ゴルーと臼は音をたてた。

彼はわめきたて、2人の女に言った。

「チックショウめ、彼女は逃げてしまった」

彼はほおっておき、後を追おうとはしなかった。

ツチブタは逃げきって自分の家に帰ってしまった。

脂肪を拒否して、逃げきってしまったのだ。

彼は仕方なく座り込み、ツイーツァムを再び妻にして一緒に暮らすことにしたのである。

そんなお話である。

【解説】

ツチブタはその姿からブタという名がつけられているが、類縁ではなく、シロアリを中心とした昆虫食性のため口が小さく、特異な歯の構造から独立した管歯目に分類されている。非常におくびょうな動物で昼間は深い穴の中で過ごし、夜間に地上に出てきてシロアリ塚を鋭い爪で破壊し、中のシロアリを食する。ツチブタの肉はたいへんおいしいので、人間をはじめとして、ライオン、リカオン、チーター、ニシキヘビなどにねらわれる。このよく肥ったツチブタを、その男は食べるつもりで妻にした。彼女が寝ている間に槍で刺し殺して食ってしまおうと考え、皆に歌って踊ろうといった。踊りをやっている間に自分を殺そうとしていることを悟ったツチブタは、臼の上に毛布をかけて男には寝ているものと思わせ、そっと逃げ出したのである。だいぶ離れたところまで行って隠しもってきた焚木を振りかざし、稲光がぱっと光ったように見せかけ、男が槍で毛布の上から臼を突き刺し、殺し損ねたところで、一目散に逃げ去った。彼はやむを得ず元の痩せたツイーツァムを妻にもどして暮らし続けた、という単純なお話である。歌と踊りはいろんな場面で行なわれるが、こうやって騒ぎの中のどさくさに紛れて殺人を企むときにも用いられるのである。

Story. 19

カーの根っこの話

カーというウリ科植物の根っこの話である。

ある男が彼女カーの根っこと結婚し、子どもを作った。

カーの根も昔は人だったのだ。

彼は彼女と結婚してからずーっと一緒にいたのだが、のちになって他の女をめとった。

他の女をめとったので、カーの根はやせ衰え、彼は彼女を捨ててしまった。

彼は新しい女とずっと暮らした。

ある日彼は狩りに出かけた。

狩りに行って、そして遠くの方でギューツォワゴ（エランド）を射止めた。

その日はいったん家に帰り、翌日彼はエランドのところへ戻った。そしてエランドを切り裂いて解体した。

彼はカーの根を捨てて新しい女をめとったが、子どもは引き取っていた。

子どもは母親に言った。

仕留めたエランド

「あんたは遠くの方を通っていって、父さんに見つけられないようにしておいで」

子どもは母にそのように言った。

彼らはしょっちゅう移動の生活をしているのだ。

彼や妻、そして子どもは20キロも歩いていってエランドに追いついた。

カーの根も見つからないように遠くの方の木の下までついていって隠れていた。

彼らはエランドの肉をばらし、腹を裂いて脂肪を取り出した。

カーの子どもは父に曰く、「おやじ、わたしに、ネー、脂肪を切ってくれ、肉と一緒に。わたしに切ってくれ」

子どものために、父は言うとおりにした。

「わたしはあっちの木の根元のところへ行って遊びながら煮て食べるからね」といった。

父は肉と脂を切って与えた。

彼はもっていった。遠くの木の根元にいる母のところへもっていった。

母は痩せこけていた。

彼は肉をもっていって母にあげた。母に煮てあげた。

彼女は食べた、食べた。

彼は母を残して去り、母は残った。

彼は去って、両親のところへいった。

そしてこういった。「ネー、ネー、エランドのはらわたと、その血をおくれ」

父ははらわたを切り分け、血もすくって渡してくれた。

彼はそれらも母のところへもっていった。

いいかね、それらも全部母にあげて、しぼって母に飲ませてあげた。

母は渇きをいやした。母は汗をかき、皮の皺もたるみもなくなって張りがでた。

やせ細り、皮も皺だらけだったのが、いまや肉がついて張りつめていた。

彼が父のところへ帰ると、父は肉を煮ていた。

煮えた肉を臼の中に入れて搗き、脂肪をたっぷりとそれに注いだ。

彼は煮汁を混ぜた肉を手でつまんでは食べていたが、やがて脇にあった空き缶をとりあげ、父に言った。

「これに入れてくれ」と言った。

「たっぷり脂肪も切って缶に入れてくれ、木の下の遊び場へ行って肉に混ぜて食べるから」

父は脂を切り、彼の缶に入れてあげた。

彼は母のところへもっていった。

母は食べて太っていった。どんどんと太っていった。

彼は母に言った。「それじゃ、帰ろう。元のキャンプへ」

それで母はキャンプへ戻った。

彼らは残ってエランドの肉を細切りにし、それを束ねて革ひもで結わえた。

括り終えた肉の束を肩にかついで帰路についた。

彼らがキャンプに帰り着くと、いいかね、彼女が家の中にいたのだ。

あのカーの根が。

彼女はよく肥え、美しくなって、家の中にいたのだ。

男がやってきて家を見ると、小屋の戸は開いたままになっていた。

「誰だ、誰が小屋の戸を開けたのだ」彼は言った。

彼らが肩から荷を下ろしていると、カーの根が家から出てきた。

捨てた女が、とても肥えて元気になり、美しくなっているのを見て、思わず抱きついた。

彼女が気に入り、いったん捨てた女をもう一度めとった。

もう一人の方の女を捨てて、彼女をめとった。

子どもを抱き寄せて、彼女とずっと一緒に暮らしたのである。

そんなふうに捨てられた母を助けて、元の夫婦にもどしたお話である。

【解説】

カー（//ka）（*Coccinia rehmannii*）はウリ科の植物の根で、筋が多いのだが、熱い灰の中に埋めこんで料理して食べる。野生のキュウリであるオムツェ（om/e）（*Cucumis kalahariensis*、第24話参照）の方が筋がなくおいしいが、両者とも乾季の後期（九月、一〇月、一一月）の植物の枯れはてたときには重要な食物、水分源となる貴重な主食となる。

上がカーの根。下の掘棒で掘る

狩猟生活をしているため、彼らはしょっちゅう移動していていかにもブッシュマンらしい暮らしをしている。離婚も再婚もブッシュマンには珍しくない。そんなカーの根の妻を捨てて他の女と結婚した男であるが、子どもは引き取って育てている。捨てられてすっかりやせ細った母であったが、子どもは見放せず、狩りの獲物のエランドの肉を二〇キロ先の遠くまでついていって木の陰で隠れている母のところへ持っていってやる。

お父さんには内緒で、あっちの木陰で遊んでいるから、肉をおくれ、脂身もおくれ、といって、それらをみな母親にあげて食べさせた。

そうしたら母はよく肥えてすっかり美貌も取り戻し、元の夫のところに戻ってきて一緒に暮らせるようになった。ブッシュマンらしい狩猟生活の中での孝行息子の物語である。

Story.20

母を助けた子

彼はエランドを射ち、それから子どもを背負って言った。
「女たちには言うな」と。
妻はキャンプに残っていて、死にそうなほど痩せ細っていた。
彼は妻をほっておいて、子どもを背負っていった。
子どもは父に背負われながら、手真似で母に教えた。
彼は母に教えた。
エランドの足跡を追ってあとから来いと、その方角を教えた。
父と子の2人は行った。あの場所へ、傷ついたエランドのあとを追っていった。
2人はそのように追っていき、子どもは母に教えたので、母はあとについていった。
父と子の2人はエランドを追って、倒れて死んでいるのを見つけた。
子どもは母に言った。「アエ、木のところまで行って休んでおいでよ」
母はそこまで行って休んだ。
子どもがはらわたの中身をとりだして、それを捨ててくるようなふりをして、母の

肉を鍋で煮る。手前の大鍋はその肉汁

ところへ行き投げかけて母にかぶせた。はらわたを敷物をひろげるように広げ、横になれといって覆いかけ、母が見つからないようにした。

母を横たえて、その上に覆いかけて見えないようにした。目が2つだけ出ていた。

「脂肪をこそぎとって生で食べなさい」そう言って母にやり、

「生で食べなよ。ゆっくり休んで食べ、元気になりなさい」

おかげで彼女は元気になった。

子どもは手ではらわたをかぶせて覆い隠した。

父がいった。「おまえ、くそやろう、エランドを切り裂きもしないでなにを笑ってる」

子どもは、「フンコロガシがいて、あっちに捨てたエランドのはらわたの中身の糞をかきまぜているのがおかしいのだ」といった。

そうして彼ら2人はエランドの解体を終えた。

脂肪がいっぱいついた肉を臼で搗いて、2人は食べていった。

腹がいっぱいになったからここへ置いておこうといい、置いておいた。

それから子どもは肉片をとりあげ、こいつをもって行ってあっちで遊んでくるといって走っていき、母のところへ行って食べさせた。

2人はエランドを切り刻んで鍋に入れて一杯にした。2人でそれを煮、臼で搗いた。

夕方になって薪をとりに来て母を連れ帰った。

彼は母を捨てたのだが、彼女が食べてよく太り元気になっているのを見て、

「妻をだせ。もう一度妻にするから」といったが、

「母と再婚してはだめだ。おまえは彼女を捨て去ったのだから」

子どもがこう言った。

それから母は丈夫に肥え太って元気に暮らしつづけ、子どもは母と一緒に住んでエランドを食べたのである。

そんなお話である。

【解説】

人びとは小屋の中、あるいは小屋の入り口のところに焚いた火で料理する。肉には寄生虫がいることが多いので、必ず焼くか煮るかして火を通してから食べる。一年の大半は暑い日が多いので、小屋の外側に焚火をしてそこで何でも料理することが多い。小屋の中で火を焚くのは短い冬の寒い季節だけである。

小屋の外側の焚火は居間の延長のようなもので、近所の人たちも料理しているのを見かけると集まってきて、用意のできた食べ物の分け前にあずかる。食べ物の分配や作業の協力は、ブッシュマン社会の基本原則で、それでお互い仲良く暮らしていけるのである。

ところでこのお話は、先ほどのカーの根っこの話にとても良く似ている。子どもが母親にこっそりとエランドの倒れているところまでついてこさせ、木の陰に隠しつつ、父親には内緒で肉を運んで行って食べさせる。父親はすっかり元気になってきれいになった女とよりを戻そうというが、いったん捨てた妻と再婚してはだめだと子どもに拒絶され、別れて住みながらも子どもと母親は元気に幸せに暮らしていくという物語である。

第3章

怪談

殺人鬼や怪物などのお話

Story. 21

アウチ（首のうしろに口をもつ怪人）

2人の男たちが家で横になって休んでいた。

彼らは犬を使って5頭のカーツォワゴ（オオミミギツネ）を狩り、持って帰ってきたのだ。

帰ってきたらそこにあやつ、アウチが待っていたのである。アウチは首のうしろに大きな口をもっていた。

2人は獲物のオオミミギツネを次から次へと切り裂いた。

そして、2頭分をアウチにやり、さらにあと半分もやった。

そんなふうに、彼らは肉を切り裂いては、首のうしろにある口、つまりアウチへと投げ入れたのだ。

あやつの口はここんところにある。背中のうしろの首のところに。そこに大きな口があった。

だから人びとは食べ物を奴のその口の中に投げ入れてやるのだ。

そんな具合だから、2人はオオミミギツネを切り裂いて、それをつかんでは、アウチに投げ入れた。

彼らははじめ奴の口がどこにあるのか知らなかった。肉をそいつの方にやってみた。投げ入れてみた。でもうまくいかなかった。

だいぶ経ってから、それが首のうしろにあることがわかったのだ。

夜になって、男たちは寝につき、そして朝になり、2人は狩りに出かけた。オオミミギツネがいるところへ。

首のうしろ、背中の方に口があいたアウチ。竹中晃子・画

彼らは狩りをし、その日は10頭を仕とめた。

獲物をもって帰り、ナイフを使って次から次へと皮を剥いでいった。それから皮についている脂肪をナイフでこそぎ落としていった。こそぎおとした脂を食べ、皮をはいだ獲物を焚火の熱い灰の中に埋め込んで蒸し焼きにした。

焼いたオオミミギツネのうち5頭を、2人はあやつ、アウチにやった。奴はそこにいたので、投げ入れた。そのアウチの口のあるところへ。

2人はさらに1頭をアウチにやり、4頭は自分たちで食べた。

さて、夜になって眠り、翌朝起きてからオオミミギツネの毛皮を広げ、木串でとめて天日に干してからまた狩りに出かけた。

2人が出かけたあと、1人残ったアウチは毛皮を広げてとめてあった木串を抜き、皮を首のうしろにある口に入れていった。

投げ入れ、投げ入れ、投げ入れして、皮をみな食べてしまった。

2人の狩人はずっと遠くまで行って3頭のオオミミギツネを犬で捕った。

帰ってきてみると皮はなくなっていた。

なんと皮はすっかりなくなっていたのだ。

2人はもって帰ってきた獲物をまた灰の中に入れて蒸し焼きにした。

1頭を半分に裂いて、1つ半ずつに分け、一方を奴の口に投げ入れた。

残りを自分たちで食べ、そうこうして眠った。

じゃあ、われわれは休もう。私ら2人はすでにオオミミギツネを犬で狩ってきたんだから。

彼らは皆と一緒になって休み、そしてあやつも家で寝ころんだ。あのアウチも。

しかし、あやつは昼のあいだ眠らなかった。

皆で寝ころんで休みつづけ、夕方になった。

多くの人びとはそのまま残り、弟も残った。

それで兄は1人で狩りに出かけた。

弟は残った。

弟とアウチの2人は残って休んだ。家で。

2人は残って寝ころんでいた。

シラミ取りをしてくれ、私の頭から。と奴は言った。

弟はシラミを探した。髪をわけ、丹念にシラミ取りをした。

こっちを探した。

そっちじゃない。そちらにはまわるな。と奴は言った。

髪の毛をわけてシラミを殺した。

あやつ、アウチは気持ちよくなって眠った。

人間をはじめとして、ヤギやたくさんの牛、ロバ、そしてあのオオミミギツネなど、みなそいつの口の中にあった。

そんなところを弟は見た。

「エヘー、こやつめこそ、私らがオオミミギツネを食わせてやった奴だ」

兄は獲物を追っかけて走っていた。矢筒を手にして、兄は追った。

走った。走った。走った。走った。

オオミミギツネ、波佐間逸博・撮影

兄は足跡を追って走った。

3頭のオオミミギツネを殺し、木陰で皮をはいで、それから帰ってきた。

弟は言った。

「ア、ツェー、兄さん、とんでもないのと私らはいるんだ。こんなことしてられないよ。パーホ（咬むものの意、殺人鬼）そのものと私らは住んでるよ。こいつの腹の中にはヤギや牛や馬などが詰まってるぞ。

背中の肩甲骨のあいだに、首のうしろに。口が、こんなところにあるよ」

2人は走った。走った。走った。走りつづけた。

あやつだけが残っていた。

眠りから目覚めてみると奴はいなかった。

起きてみると、奴は家で横になっていた。

兄弟2人はあやつを追いかけ、走って行くと、奴はうしろにいた。2人はうしろを振り向いて、それから走った。

兄は言った。「あー、あいつがやって来る。追いついてくる」

2人はずっと前から走りつづけてきたので疲れた。

「あやつめ、私ら2人に追いついてくるから。あそこに木がある。あれに登ろう」

口笛を吹いて小さな音を出した。

カラーと呼ばれるアカシアの木があった。すぐ近くにあったので、2人は登った。どんどんと高みまで登った。
カラーの木は大きく高かった。
あやつ、アウチは走った。どんどんどんどん、どんどんどんどん、駆けつづけた。
2人は奴の足跡を追跡していったが、カラーの木の下で足跡はなくなっていた。
足跡を探しまわったが、消えていた。

あやつ、アウチは木に登って、そこで斧をとりだした。
大きなカラーの木で、奴はそこに登ったまま斧をとりだした。
アウチから斧を。アウチの口の中に斧はあったのだ。
奴は登ったまま斧をとりだした。

シッタウエー（斧でたたき切る擬音） シッタウエー
セレテシャー（斧のこと） メ シッタウエー
シッタウエー シッタウエー セレテシャー メ シッタウエー
シッタウエー シッタウエー

このように歌をうたい、斧をふるった。
カラーの木が、ホワッ トゥ トゥ トゥ と切られて、倒れてきそうになった。

それに向かって2人は唾を吐きかけた。カラーが倒れないようにと。

カラーの木は倒れずにとまった。

奴はさらに斧をふるって切りつづけた。切り倒そうと。

しかし兄弟が唾を吐きつづけたので、カラーの木は倒れなかった。

2キロほど離れた、ツーク・パンぐらいの距離のところに家はあった。

それで、「オーイ、オーイ」と叫んだ。

人びとがその声を聞いて、やってきた。

家にあった道具類などをみな集めて、そしてやってきた。

あやつ、アウチは犬を叩き殺そうとした。

犬を全部アウチに入れようとした。

犬をみな食いつくそうとした。

「アウーア」、犬は走って逃げ、すっかり疲れて、息を切らせ、「ハア、ハア」いった。

犬たちは横になり、心臓がドキドキした。

走りつかれたので、横になってあえいだ。

アカシアの一種、ゴーの木のように大きい、そんな犬がいた。

犬はあえいで、息をしずめた。

あやつ、アウチは小さい犬を捕まえ、背中の口に入れた。

小さいのを入れた。小さいのをみな口に入れた。

大きな犬は、彼も走り疲れていたのだが、しばらく休んで、元気をとりもどした。
彼はそれで立ちあがって行った。
犬は行った。
そして、あそこを、アウチの口を咬んだ。あの犬がだ。
「アウッ、痛い」、アウチは屁をこいて、下痢便を垂れ流した。
彼は咬んだ。咬んだ。そう、強く咬んだ。
強く強く咬んで、殺した。
あやつは死んだ。

人びとがやってきた。ようやくたどり着いた。
犬があいつを殺した。
あいつは死んでしまった。
口を大きく開いていた。
その口の中で、子どもらは遊んだ。
遊びまわっているうちに、日が沈んだ。
次の日も、そして次の日も。
何日も口を開けていて、子どもたちがそこへ入り、糞をした。
アウチの口は同時に尻の穴でもあったのだが、子どもらがいっぱいそこに入り、「ツアブッ！」とやった。
そんなふうに糞をした。
子どもらがみな入ると、口を閉じた。
彼らはみな閉じ込められ、誰もいなくなった。
いや、1人だけ残った。子どもが。そして走った。
彼は走って村に帰り、そして言った。
「われわれが入ると、あいつは閉めた。口（尻の穴）を閉めてしまった」
あいつはそんなふうに閉めてしまったんだ。
あいつは閉めた。
子どもが1人だけ外に残って、走って帰った。家へ。
そして親に告げた。あやつのことを。
あやつは尻の穴を閉じてしまった。
みなここへ来て、尻の穴を開けようとした。
しかし、開かない。
開かない。どうしても開かなかった。
仕方がないので、人びとはほっといて家に帰り、寝てしまった。
あの子は走って行って、1人でぶらぶらし、遊んだ。
あやつのところで休みながら、遊んだ。

遊びながら、穴を開けようとした。開けてやろうとした。

遊び、歌った。1人で歌いつづけて遊んだ。

開こう、開こう。なんとかして穴を開こうとした。

しかし、堅い。穴は堅く閉じられていた。

それで棒を突っ込んで、突いた。

突っついて、削りとり、ついに穴を開けた。

出てきた。みんな出てきた。次々と後につづいて出てきた。

戻ってきたのだ。


「一体なにをしたんだ？　みな出てきたが」

「木をもって、遊んでたんだよ。木をもって。こうして突っついて出したのだ」

「私らの子どもたちが帰ってきた。みんな無事に帰ってきた」

そう言った。

親たちが言う。「あの子は偉い奴だ。あいつは偉い」口々にそう言った。

「残らずみなを出せ」と言った。あやつに言った。

「いやいや、あいつのところへは行くな。あいつはほっておけ。あいつはしんどい奴だから。あいつはおまえらを殺すぞ。おまえたち死ぬことになるぞ」

と彼らに言った。

彼らはそれから火を焚き、大きな焚木を次々と放り込んだ。
そしてあやつを燃やした。あの怪人を。
あやつは燃えていって雲となり、日陰を作った。
あの子が行って雲の陰を作った。カムツァの木の根元にできるような日陰を。
女が子どもに言った。
「日陰のところに、日陰のところに、そこにあいつがいる」
そう言った。
私は言った。彼に言った。
「彼はあす狩りに出かけるだろう。あの雲を作った奴を探しに出かけるだろう」
彼は探した。雲の陰を探しまわった。
彼は行き、探しあてて奴の首に紐を巻きつけて締めた。
締め上げた。
それから腰も紐で締め付けた。
いいかね、彼は奴を締め、殺した。
あやつはへばって、立ち上がれなかったので、引きずってきた。
家まで引っぱってきた。
引きずり、引きずり、連れてきたのだ。
奴を置いて、彼はこっち側に座っていた。

あやつと一緒に戻ってきた。家に帰ってきた。
奴をしっかりと殺してしまった。
だから奴はもう起き上がれなかった。
もうアウチのあの口に投げ入れることもできなくなったのである。
そんな怪人のお話である。

Story. 22

トボラーリ（アウチの変形）

おばさんらと会い、彼女ら2人に言った。

「行って見ろ。行ってみたら、そこにそいつがいるから、人を食う奴が」

「槍を何本か彼は持っている。お前らは行って見つけたら止まって、トボラーリ、トボラーリ、お前はトボだ、と歌え。彼の歌をうたえ」

2人が行くと、彼を見つけた。彼は鋭い槍をたくさん持っていた。

2人は止まって、歌った。

「トボラーリ、トボラーリ、お前はトボだ」

そう言って歌うと、彼は踊りながらやってきた。2人の近くまでやってきた。やってきて、2人を突き刺そうと思ったら、槍が別の方へとそれ、砂の中へグサッと刺さってしまった。

何度もなんども踊りながら刺そうとしたのだが失敗し、彼は踊り疲れて転んでしまった。ゼーゼー、ハーハー、と息を切らせていた。

2人はそれで逃げ出した。ドンドコ、ドンドコと逃げていった。

倒れていた彼は立ちあがり、走り出して2人を追いかけた。

彼女らを追いかけ、そして追いついた。

2人は止まって、そして彼の歌をうたった。

「トボラーリ、トボラーリ、お前はトボだ。トボラーリ、トボラーリ、お前はトボだ」

彼は踊りながら近づいていき、側まで来てから2人を刺そうと思った。

踏み出して刺そうとしたのだが、ひっくり返り、2人は逃げた。

家の方へ。2人は走った。

転んでいた彼は起き上がって、2人を追いかけ、どこまでも追いかけてついに追いついた。

2人は止まって、歌をうたった。

「トボラーリ、トボラーリ、トボラーリ、トボラーリ」

と歌い、そして彼は踊った。

踊りながら追いつめて刺そうとしたが、反対の方へひっくり返って、手から槍を滑り落としてしまった。

そんなふうにして、家のすぐ近くまで逃げてきたのだが、姉の方が疲れ果ててしまった。

妹は姉に言った。

「そんなに急いで倒れてしまっては駄目よ。ゆっくり走りな。急がなくても、あいつもすぐ立ち止まるんだから。ちょっと行って止まり、歌をうたいなさい」

妹はそう言って、家に走って帰った。

そして親たちや大きな犬ども、小さな犬どもをたくさん連れて戻ってくると、彼がやってきた。

彼女らは犬を、シーッとけしかけた。

彼はその場にとどまって、犬どもを取っては食い、掴んでは食った。

吠えかかっている奴を掴んで食べた。

ここんところ、彼の首の後ろのところに、口はあったのだ。それはアウチといわれた。

大きな、これぐらいのでっかい犬たち2匹だけが残った。

ここに、首の後ろにアウチという大きな口があったので、人間も生きたまま呑みこんだ。

ヤギも、人びとの何もかもを、その口の中へ投げ込んで食べた。

どでかい犬を1匹つかんで口に入れたが、そいつは大きすぎて喉のところにぐっとつっかえて、なかなか入らなかったが、ようやっとそいつを呑みこんだ。

そしてもう1匹残った大犬をつかみ、そいつを口に入れた。それを彼は呑み込もうとしたのだが、喉に詰まって彼は死んでしまった。

アウチに呑みこまれていた人びともみんな外へとび出してきて、家に帰った。

家はすぐ近くにあったから。

人びとは帰ってきて暮らしを続けた。

そのうちに彼は腐ってしまった。

腐ってしまって、頭のところに穴があき、腸もとろけて穴があいていた。

その穴は、ほれ、このお前のトラックの荷台ほどの、大きなものだった。

子どもたちがその穴を通り抜けて遊んだ。

彼らは穴に入りこんでは出てきた。

口の方から入りこんでは、あっち側へ行ってと、そんなふうにして遊んだ。

子どもらのうちの1人が言った。

「お前ら、閉じ込められたら、お前ら窒息して死ぬから、もうこれで遊ぶのをよそう」

遊んでいるうちに陽が傾いたので、家に帰った。

そして寝ているうちに朝になった。

親たちは狩りに行き、子どもたちが遊びに来た。

そんなふうに過ごしていたある日、子どもたちが遊んでいたら、そいつの両端が閉まった。

それは子どもたちをみな呑みこんで閉じてしまった。

女の子が1人だけ外に残っていた。

彼女は親たちのところへ走っていって告げた。

「あの人食いが子どもらを呑みこんでしまった」と。

人びとは斧で切り裂こうとした。

けど、斧をふるっても刺さらなかった。

斧の刃がボロボロに欠けてしまった。

彼らは何度もやってみたが歯が立たず、くたびれて帰った。

そしたら、あの女の子が1人で残って、その穴を木でほじってこじ開けようとした。

一所懸命こじ開けようとしたが、でもどうしても駄目で、家に帰った。

帰ってきて眠り、翌朝、彼女はまた戻ってきてこじ開けようとした。

そうしてある日、人びとが狩りに行っている間に、彼女はこじ開けようとやっていたら、ついに開いたのである。

開いた、開いた。そいつが。

子どもたちがどっと出てきた。

犬もヤギもみな出てきた。みんな出てきたのだ。

腐った死体は、こんどこそ、あの腐ったのは完全に死んだ。
彼女はみんなを親たちのところへ連れて帰った。
人びとは子どもらを洗った。石鹸で洗った。
腐ったのをきれいに洗い落とした。
そして言った。
「もうあんな遊びはやめておけよ」
子どもたちはもうその遊びはしなくなった。

【解説】

首の後ろに口をもつ怪人アウチのお話が二つ続いた。前回の第21話ではオオミミギツネを犬で狩り、村へもって帰ってきたらアウチが待っていたところからはじまる。キツネやジャッカルなどは犬で狩るのが普通で、稀にスティーンボック用の跳ね罠にかかって獲れることもある（まえがきviii頁参照）。しかしこれら牙の鋭い獲物は早く見つけて止めをささないと、縄を咬み切って逃げてしまう。

キツネやジャッカル、スティーンボック、ダイカー、トビウサギ、ホロホロチョウなど小型の獲物は皮をはいだり羽根をむしったりして、はらわたを取りのぞいて、丸ごと熱い熾と灰の中に埋め込んで、一時間以上蒸し焼きにして食べるのが普通である。カラハリの細かい砂は熾と混ぜて豆やスイカの種を煎るときにも使い、実にうまく料理に利用されている。

第22話では、槍をもった人殺しのトボラーリが登場し、それがアウチだったのだ。お話の後半は前回のアウチとほぼ同じである。

ブッシュマンたちの語るお話には動物が登場するのが多いが、怪物、怪人、殺人者が出てくる怪談話も結構あり、それらのうちのいくつかを次節以下にて紹介する。

スティーンボックを穴のなかに丸ごと埋めて蒸し焼きにする。生活に鉄鍋が入り込むまでは、カラハリの砂を巧みに利用して料理した

ナンテの豆を熾火と灰で煎る

Story. 23

クークチュル

女たちはナンテ（ハカマカズラの一種）の豆を摘み、もって帰って、翌朝起きて食べた。

ある日、彼女は1人だけ残った。彼女は1人で子どもを産んだ。

そして1人でナンテの鞘を割った。クークチュルの母親である。

子どものクークチュルは痩せて小さく、肉もついていなかった。

腹だけが大きかった。

その子を産んで、家に残し、採集に出ていった。ナンテを採りに行った。

みんな行ってしまった。

ナンテを採りに行って、バラバラに分かれて1人ずつナンテを折りとった。


あのクークチュルの母は小さな子どもを残してきた。

ナンテを、休みながら割った。家へ帰ってから。

留守の村には、人食いが入りこんでいた。

4人の人食いがおり、うち3人がやってきてクークチュルのところへやってきた。

ナンテの木（*Bauhinia petersiana*）。2メートルぐらいの低木で真白できれいな大きな花が咲いたあと、平べったい美味しいソラマメのような実がつく

彼らは足跡をたどってやってきたのだ。

彼らは村のすぐ近くに住んでいた。

彼ら3人はクークチュルに出会った。

女たちは彼らを見ることはできなかった。別の方へ行ってナンテを採ろうとしていたからである。

彼ら3人が村へやってきた。

女たちが人食いの男たちを見ることはなかった。

「女たちが帰ってくるだろう。採集物をもって。その前に村の様子を見ておこう。村のたたずまいをうかがってみよう」

人食いがやってくると、あのチビの子どもが村の真ん中にいた。

「女どもめ、あのチビを放ったらかしにして、採集に出払ってやがらあ。あいつ1人だけでおるよ」

彼らはやってきて、「おやまあ、こんなのは子どもじゃない。こいつは痩せこけていて死んだのも同然だ」と、けなした。

「こんなやつ、われわれは殺すのをよそう。こいつ、言葉もしゃべれないから。もっとちゃんとした他の連中が来るのを待とう」

押し倒したらひっくり返って、腹ばかり大きいからゴロゴロ転がった。ひっぱり起こして座らせた。

3人の人食いのうち、1人を地面の中に埋めた。

地面を少しかいて掘ったところへ入れ、砂をかぶせた上に、ナンテの莢で覆いをした。

全身を覆って目のところだけあけておいた。

「ナンテの莢で覆っておこう」

そう言って莢で覆い、目だけ出しておいた。

すっかり覆って、そして行ってしまった。

クークチュルはすぐ近くに休んでいた。

クークチュルと人食いは見つめあった。

2人は休みながら見つめあった。


長いあいだ、女たちは帰ってこなかった。そのうち夕方になり、太陽が西に傾いた。

陽がこの辺にきたとき、女たちが帰ってきた。

人食いは女たちがたくさん帰ってくるのを見た。

いっぱい帰ってくるのを見て、クークチュルはうめいた。うめいて叫びつづけた。

母親がそれを聞いて、「クークチュル、なんて言ってるの?」といった。

ナンテの豆の殻が村じゅうに積まれている。食事のたびに燃料にされるが燃やしきれないものが山となる

ナンテをもってきていたので、それを置いた。家にそれを置いた。

彼は叫んでいた。一生懸命なにか叫んでいた。彼の口から、こう聞こえた。

「クークチュル、ツアム　コン　ツゥイ　ケウ（クークチュル、2人が行って、1人が残ってる）」

クークチュルは母に言った。彼、クークチュルは、「人食いが3人きて、2人は行ってしまったが、1人が残っている。ナンテの莢の下に。ほれ、そこにいる。目玉がある」

と言っていたのだ。

母は聞きとれなかった。「エ、なんと言ってるの？」となんども聞きかえした。

年上の女を、彼の言葉がわかる女を呼んだ。

女がきた。

「クークチュル、ツアム　コン　ツゥイ　ケウ」

と言っていたことが分かった。

すぐそこに目が見えていた。

それで、「ナンテを置いといて、スイカ・ダンスをしよう。ダンスをして、足で、あの目に砂をひっかけよう」といった。

「スイカ・ダンスを」

誰も文句をいわず、ダンスをし、足で砂をうしろへ蹴とばした。踊りつづけてそいつを砂で埋めた。


奴はじっとしていた。

はじめ子どもたちが歌っていたが、おとなの女たちもはげしく歌い、手を打って踊った。

踊りながら後ろ足でナンテの莢を蹴とばし、目玉を埋めた。

50センチもある大きなナイフでその人食いを刺した。

切り裂いて殺した。

スイカ・ダンスをやめ、ナンテの莢をむいて食べた。

ナンテの豆を灰で焼いて食べた。

「残りのナンテを荷づくりして行こう。そしたら生きのびられる。逃げられる」

そう言ってナンテを背に乗せた。みんな背中に負った。

火をかきたてた。

乾いているナンテの莢もくべた。そいつ、中に豆の残っていたのもはじけてとんだ。

スイカ・ダンス。歌いながらステップを踏み、後の人にスイカを投げていく

人びとはそこから出ていった。そして逃げた。どんどん、どんどんと逃げた。

人食いは3人が残り、もう1人を待っていたが、待ちくたびれた。

そして夜になり、忍んでそっと行った。

「誰もいない」といった。

村の中はすっかり荷がたたまれて、もぬけの殻だった。

彼らは1人に言った。「あいつを見に行ってこい。あいつらの村の様子、どんなふうになっているのか、見てこい」といった。

彼は2人に、見てきて、言った。「村は空だ。あいつら、彼を殺して行ってしまった」

「あいつ、クークチュルが言ったのだ。親たちに言って彼を殺したのだ」

彼らは引き返していった。彼らは引き返して帰っていった。

翌朝、3人が彼らを追いかけ、速足で駆けた。

速足で駆けつづけた。

3人は水も飲んでいなかった。水も飲まず、3人は人びとを追って速足で走った。

人びとを捕まえ、肉を食べたいとだけ思って追いかけた。

しかし、追いつかず、そして太陽が3人を焼き殺した。

人びとはおかげで無事に帰ってくることができた。

そんなお話である。

【解説】

雨季も後半に入ってナンテの豆が実り、人びとはこれを採集して主食とする季節である。クークチュルという痩せこけて腹だけが出た子どもが一人で留守番をしているところへ人殺したちがやってきた。ナンテの豆は莢をむかずにそのままで皮風呂敷に詰め込み、背負って帰ってくる。この莢はしばらくすると強い陽にさらされてからからに乾き、よい燃料になるのである。この季節には毎日どんどんとこの乾いた莢を焚木にして料理をするのだが、村中はナンテの莢でいっぱいに埋まっており、それほどナンテの豆を採集してきてそればかり食べているのである。

そんなところへ人食いたち三人がやってくるが、クークチュル一人がいただけなので、もっとみんなが帰ってきてから殺して食べよう。取りあえず一人だけ残して様子を見てみよう。そういって人殺し一人だけ砂の中に埋め、ナンテの莢で覆って目だけが見えるようにしておいた。夕方になって陽が西に傾いてから女たちは帰ってきた。クークチュルがよく回らない舌で一所懸命に窮状を訴えようとするが、彼の話を聞き分ける年上の女に、ようやく三人のうち一人だけここに残って見張っていることを聞き届けてもらった。それじゃスイカ・ダンスをしよう。歌をうたって足踏みしながら踊っていって、前の女が抱えていたスイカをリズムに合わせてヒョイと後ろの人に投げる、そんな踊りである。

全員でスイカ・ダンスを踊りまくり、後足でナンテの莢を蹴とばして人食いの目の上まで覆ってしまった。やおら大きなナイフを取り出して人食いを突き刺し、切り殺してしまった。ひとしきりナンテを食べて腹ごしらえをしてから、荷物を畳んでみんなで村から逃げ出した。夜になっても残してきた一人が報告に戻らないので、人食いの残り三人が村まで来てみたが、村はもぬけの殻だった。クークチュルの野郎が告げ口しよったのだな、そういって人びとの足跡をたどって追っていった。日が昇り、くたびれた上に暑くなって水も飲めない人食いたちは、太陽に焼き殺されて、おかげで村人は無事に帰ってくることができたのである。

Story. 24

2つの殺人と兄弟逆縁婚および姉妹逆縁婚

彼はギューツォワゴ（エランド）を射った。朝早く出かけていって、彼1人で獲物を追っていった。

彼の弟は別の方向へ狩りに出かけていた。

彼は毒矢で傷ついたエランドを追っていき、そいつに留めをさすと皮を剥ぎはじめた。

女たちは村の近くで野生のキュウリの根、オムツェを掘った。

彼女の兄がいった。

「あいつのあとを行け。おまえの夫はおまえといっしょに寝ようとしないじゃないか。彼は妻と寝ようとしない。毛布がおまえらの寝るところにちゃんとあるのに」

兄はそう言った。

それで女は夫のあとを追っていった。

彼女はどんどん後を追っていって彼のところに着いた。

エランドを解体しているところまで行きつくと、少し離れたところに座った。

「どこに、私が欲しがっているの（私を抱いてくれるの）があるの?」といった。

彼は肉を切りとると走ってきて彼女にやった。

彼女は、「どこ? 私が一番欲しいと思ってるのはどこ?」といった。

彼はスティーンボックの皮のフンドシをほどいて前に垂らしていたので、うしろから金玉がブラブラしているのがしっかり見えていた。

彼は、男たちが狩りに出かけたとき、まわりに女たちがいないときにはいつもやっているように、フンドシのうしろの結び目をほどいていたのだ。だから彼がエランドの肉を切っていると金玉がブラブラ揺れていて、彼女にはそれが丸見えだった。

彼は脂肪をやった。

「そんなもの、置いといて。どこ? 私の本当に欲しがってるのは」

彼の様子を見ていたが、いっかなその気になってくれなかった。

それで彼女は、やにわに砂の上におかれてあった棍棒をとりあげ、彼の金玉をボカンと叩きつけ、彼は死んでしまった。

彼女は身をひるがえし、戻っていった。

彼女はみんながオムツェの根っこを掘っているところへ戻り、彼女自身もオムツェを掘って、コプッと引っ張りだすと言った。

オムツェ（*Citrullus lanatus*）＝野生キュウリの根を担いで帰り、家で焚火で焼く

「この真っ白で筋もない上等なオムツェのように、セックスすることも知らないやつを殺してやった」

オムツェを掘りながらそう言った。

彼女らはみんなでオムツェを掘り、そして帰った。

みんなは彼がいつ帰ってくるかと待っていた。

夕方になって暗くなってしまい、小屋に入って寝た。

朝になったが、寝ながらも彼の帰ってくるのを待ちかね、耳をそばだてていた。

翌日、彼らみんなは休んで彼の帰ってくるのを待った。

その日も夕方になって暗くなり、彼らは小屋に入って寝た。

次の朝、男たちは彼の足跡をつけて探しに行った。

彼の足跡を追っていくと、エランドを殺した狩りの現場に到着した。

そこには彼が死んでいた。

「あの、あいつがやっつけおった。夫を殺しよったんだ」といった。

そして行くと、カラーと呼ばれるアカシアの枝がこんなふうに二又になったところを、彼らはそれをY字状に切りとった。腰をおろして切りとった二又の木をナイフで丹念に削り、二又の先を尖らせて粥をかきまわす棒みたいなのを作った。

夕方になって、殺された男の弟が、夫を殺した女に言った。

「火を、おまえの小屋で火を焚け。俺もそこで寝るから」

彼は毛皮の敷物などをとると、彼女のところへ行ってそこで寝た。

夜なかになって、彼は、かの二又の木をとりだし、ヌッと突き刺した。

二又の1本は尻の穴、もう1本はも一つの穴、女陰へと突き刺した。

彼女は死んだ。

夜のあいだ横になっているうちに、朝になり、親たちもみんな起きてきて、大分してから彼が彼女の妹にいった。

「行ってみろ。姉さんが寝ていて起きてこない。行って連れてこい」といった。

彼女がやってきた。

そこでは姉が木に刺さって死んでいるのに、寝ているんだと思い、毛布を持ちあげてみた。

二又の木が彼女の陰部を貫いており、木のつけ根のところから血が毛布に流れ出ていた。

「ア、母さんたち、ばあさんたち、この、姉さんのはらわたが血だらけになってるよ」

おばさんたちが、

「ア、あの人たちの寝床だから、そんなこと言うな。彼と彼女の寝るところだから」と言った。

それから人びとは、

「行ってそれを連れてこい」といった。

女たちが行ってひどい様子で死んでいるのを見て泣き叫んだ。

男たちが言う。

「泣くな、黙れ。何度も泣くな。いつまでも泣き叫ぶな。われわれ男どもは泣きはせんのだから」といい、
女たちは穴を掘って彼女を埋めた。

さきほど連れに行った妹と、小屋で火を焚けと言った男とはそのあと結婚し、末永く仲良く暮らすことになったのである。

【解説】

男が死んだとき、妻が男の弟と結婚するのを兄弟逆縁婚といい、反対に女の方が死んだとき彼女の妹を娶るのを姉妹逆縁婚といって、多くのいわゆる「未開社会」でなされている慣行である。

ブッシュマンでもよく見られることであるが、このお話では、兄と姉の夫婦が死んで、双方の弟、妹が一緒になって二つの逆縁婚が同時におこなわれていることになる。

オムツェの根を掘る女性。乾季も末期の11月には食糧が乏しく、根菜を掘り起こして飢えを凌ぐしかなくなる

雨の季節がはじまる前、乾季のいちばん食べ物の少ない一〇月、一一月ごろには、このオムツェとカーの根っこがもっとも重要な水、食料源となる。カーは筋ばっていて、食べるのにはいま一つといってもよいが、オムツェの方はほくほくした感じがあり、味も悪くはないので、私などよそ者でもたまに齧っておやつにすることがある。

オムツェは熱した砂に埋めて蒸し焼きにすることもあるがこのように直火で焼くこともある

兄弟逆縁婚や姉妹逆縁婚はよく見られることであるが、これが同時になされることはめったにあることではない。さらにこの章の怪談話では殺人事件がたくさん出てくるが、それは人が動物になったり、逆に動物が人間に変身したりする上に、狩りで動物を殺すのは日常茶飯事のことなので、ついお話の中では殺人が横行することになる。しかし、現実の世界では、人殺しはほぼ皆無といってよいことで、ナイフや槍を他人に向けて持つことすら、してはならないこととなっている。子どもが戯れにナイフを構えたりしたら、大人は「ダメ、ダメ」といって、絶対にそうはさせないようにしているというのが実情である。

Story. 25

人殺し　ケベレ

人びとはカーン・メロンを食べていた。

カーンが実る雨の季節だった。

彼ら、人殺したちは踊りの音を聞きつけ、荷物を置いて休んだ。

荷物の皮ぶろしきを地面に降ろして、休んだ。

荷を降ろしておいて言った。

「ほっておけ。彼らは踊りの歌をうたっている。踊りをおどり、歌い踊っているが、われわれが着くまでに朝になっているだろう。彼らは踊り疲れて寝てしまうだろう。夜が明けたら、疲れたところを、われわれが行って殺そう」といった。

1人が、「いやいや」と反対した。

「あいつらは踊りをおどっているから、わしは行って踊ってくる。あいつらの中に入る。あいつらに混じってしまえば、あいつらにはわしが分からない。あいつらにはわしが見分けられないだろう」といった。

女たちが歌をうたい、男たちが踊っていた。

踊りの歌を女たちがうたい、男たちはガラガラを巻きつけた足を踏みならして踊りをおどっていた。

近くの焚火では、1人の女がカーン・メロンを焼いていた。

カーンを熱い灰の中に埋めこんで蒸し焼きにしていた。

カーンはずっと焼いてあって、蒸しあがったので掘りだした。

掘りだして、埋めてあった穴のそばにおいた。

熱いので出して冷ましておいた。

そして彼女は歌をうたった。

それから小屋の方へ運んでいった。

彼がやってきた。

そこでは子どもが泣いていたので、彼女は横になり、子どもに乳をやった。

彼女は子どもを寝かしつけた。

歌と踊りの輪から出てきて、子どもに添い寝しているとき、彼はやってきたのだ。

彼は遠くから踊りにやってきた。

カオッ　ト　ハー　ケメ、　エ　クヮ　ツィー　シャ　イヤー（殺そうとしているんだけど、踊りをおどる）
カオッ　ト　ハー　ケメ、　クヮ　カーン　シャ　カー（殺そうとしているのに、カーン

を食べる）

カオッ　ト　ハー　ケメ、　クヮ　ツィー　シャ　イヤー
カオッ　ト　ハー　ケメ、　クヮ　カーン　シャ　カー

と言って踊った。
そして、カーンをもっていって、それを割り、中身をすすって食べた。
皮についたものまですすって食べた。
彼はカーンを喉に流しこんで飲みこんだ。
女たちは歌をうたっていた。
それで彼は踊りの輪に入り、足を踏みならして踊った。
カッツ、カッツ、カッツ、と上手に足を踏みしめてガラガラを鳴らし、
両手を前にふりながら、踊っていた。
両手をうまいこと振り、足を踏みながら、前進して踊った。
そして、トワッ、と踊りをやめた。
彼は、トワッ、と言って踊りをやめ、そして歌った。

カオッ　ト　ハー　ケメ、　クヮ　ツィー　シャ　イヤー
カオッ　ト　ハー　ケメ、　クヮ　カーン　シャ　カー

ゲムズボック・ダンス

カオッ　ト　ハー　ケメ、　クヮ　ツィー　シャ　イヤー
カオッ　ト　ハー　ケメ、　クヮ　カーン　シャ　カー

そう言って、カーンをとりあげて逃げた。

男たちのところへ戻り、そこで横になって食べた。

彼女は言った。「男を呼んで。こっちへ来いと。子どもが泣いているから、ここへきて、わたしの子どもをあやして」

そういった。

彼がやってきたので、彼女は彼にいった。

「あんた、横におなり。ここへ。わたしたちの近くを、彼らが話しながら通りすぎていく。わたしたちがカーンを食べ、それから、わたしがそれを掘りだしてならべてやると、彼らはそれを食べる。耳をすましてお聞き」といった。

男は横になった。2人して横になった。

そして耳をすました。

彼はいった。
カオッ　ト　ハー　ケメ、　クヮ　ツィー　シャ　イヤー

カオット　ハー　ケメ、　クヮ　カーン　シャ　カー
カオット　ハー　ケメ、　クヮ　ツィー　シャ　イヤー
カオット　ハー　ケメ、　クヮ　カーン　シャ　カー

そう彼は歌った。
彼は行って座った。
彼女たちは手拍子をたたいた。
早い調子で手を打った。
手を打って、男が立って、
女は歌い、男がはげしく踊った。
足を踏み、手を打ち、
踊っていたと思ったら、その男は急に出ていっていなくなった。
踊りから出ていった。その踊りの場から。

カオット　ハー　ケメ、　クヮ　カーン　シャ　カー
カオット　ハー　ケメ、　クヮ　ツィー　シャ　イヤー

と歌って、彼はカーンをとっていき、すすって食べた。

すすって食べながら行った。

そのとき、1人の男がその声を聞きつけ、人びとに言った。

こう言った。

「誰かがわれわれのあいだにいた。ほかの奴が。

われわれは踊りをしていた。エエ、われわれは自分らだけだと思っていた。

よく調べろ。見つけだせ。そいつを、よく探せ。

あいつがきたから、手拍子を早く打て」といった。

彼女たちは早く手を打ってうたった。

カブグ　カブグ、　カーク　カーク　カーク、
カウク　カウク　カウク　カウク、　カウ

とそこでやめた。

男たちは大勢ならんで足を踏みならして踊っていた。

フンドシがいっぱい並んでいた。スティーンボックの皮でできたフンドシが尻のところで結んであった。

足にはガラガラをつけ、結んであって、それがにぎやかに音をたてた。

彼はその歌をうたい、踊りにやってきた。

足踏みして踊った。彼らと一緒になって踊った。
彼が踊っていたそのとき、ナイフで、踊っている彼の喉を切り裂いた。
彼らは踊りをやめ、休んだ。
彼らは言った。
「われわれは彼を殺したぞ。カーンを臼で搗いて、粥を作れ。
カーンの粥をつくって食べろ。ほかの奴らは踊りをつづけろ」といった。
1人がカーンを粥にし、ほかの者たちは踊りをおどった。
食べて、食べて、満腹し、そして歌って踊った。
人びとは粥をつくり、食べて、食べて、腹一杯になった。
彼らはせっせと荷造りして、それらを担いだ。
焚木も上に積んで、担いでいった。
人殺しはまだたくさん残っている。
しかし、彼らはすぐには来ないからと、行ってしまった。
どんどん行って、そしてキャンプした。

人殺しケベレの村では、
「おまえたち、あの男、前には見えたけれど、もう死んでしまって見えないよ。

あいつは殺されてしまったにちがいない」

「どうしたことだろう。踊りはとっくの昔に終わってるのに、あいつは戻ってきやしない」

「いーや、彼は横になってうとうとしていたが、はっと身を起こしたんだろう。大きな火があるところをみると、あいつはいるぞ。そうっと忍んで様子を見ているんだ」

などと言いあった。

「アエ、朝になった」

彼らは待っていたが、いっかな戻ってこなかった。

「きのう、あやつらは彼を殺して移動してしまった」

すぐには彼らは追いつくことはできなかった。

それで人びとは行ってしまった。

人殺したちは追いつきそうにもないので引き返した。

お話の1つである。

【解説】

雨季がはじまり、カーン・メロンが実りだした。ゲムズボック・ダンスをしている人びとの音が聞こえた。人殺しケベレの村から人びとの反対を押しきって、一人の男がこっそりともぐり込んで様子をうかがいに行った。一人ぐらい入り込んで踊っていてもわかりはしないと、出かけていって調子よく踊り、そして休んではカーン・メロンの蒸し焼きにしたのを食べていたら、ある男が彼の潜入に気が付き、皆にいっそう激しく踊るように言っておいて、調子よく踊っているケベレの村の男の喉をナイフで切り裂いて殺してしまった。

人びとはケベレたちが来るまでにはたっぷり時間があると、カーン・メロンのお粥を作ってたっぷりと食べ、それから荷造りをして村から出て逃げていった。ケベレの村では踊りに行った男が帰るのを待っていたが、一向に戻ってこない間に朝になってしまった。見つかって殺されてしまったに違いないと、皆で追いかけていったが、とっくに逃げ出した後で、とても追いつかず、あきらめて帰ってきた。それだけの単純なお話であるが、途中に一人でつぶやく歌がはいり、カーン・メロンをするなどのエピソードを入れて、お話を楽しく流れるように仕組んでいる。

Story. 26

ホロホロチョウとクロエリノガン

ホロホロチョウとクロエリノガンが住んでいた。

ホロホロチョウのオスとメス、クロエリノガンのオスとメスの4人がいた。

どちらもたくさんの子どもをもっていた。

クロエリノガンの子どもは3人、ホロホロチョウの子どもも3人いた。

母親たち2人は採集に出かけた。

男たちの方は妻をほって狩りに行き、2人の人食いに出会った。

人食いたちは2人を殺してしまった。

2人を殺して皮をはぎ、熱い灰の中に入れて蒸し焼きにした。

そしてホロホロチョウとクロエリノガンの夫たちに化け、彼らが行きに通った道をたどって、狩りから戻ってきた。


子どもたちはそれぞれの父を慕っていた。

それで、待っていた2人が帰ってきたと思った。

ホロホロチョウ、菅原和孝・撮影

クロエリノガンの雌、菅原和孝・撮影

人食いがホロホロチョウたちの皮を着ていたのである。ホロホロチョウを殺したやつはその皮をまとい、クロエリノガンを殺したやつがそのクロエリノガンの皮をまとっていたので、彼らが人食いだとは見えなかった。ずんずんと家の方に近づくと、彼女らは自分たちの夫たちが帰ってきたと思った。

「帰ってきた」といった。

子どもたちも待ちのぞんでいたので喜んで「帰ってきた。お父さんだ」といった。彼女らは喜んで、カーンのお粥ができていたので、2人にやり、亭主たちは食べた。2人はそれを食べると、彼らが殺してきた肉をだして女たちに与えた。

ホロホロチョウの妻は、「あっちへ置いといて。食べないで」といった。クロエリノガンの妻の方は、それを聞きいれず食べた。彼女は食べた。彼女はかまわずに食べた。

ホロホロチョウは、「こんな人たち、わたしは知らないよ。わたしらの夫たちの皮をかぶっている。これは夫たちの肉にちがいないから、食べるな」そういったのだが、クロエリノガンは聞きいれずに食べた。むしゃむしゃとむさぼり食った。

「こいつらは夫たちの皮を着ている。人を食うやつらにちがいない。この肉は夫たちのだ。

わたしらの夫たちの皮をかぶっているんだから、この肉は食べてはいけない」といった。

ホロホロチョウの子どもたちは肉を食べなかった。

クロエリノガンの方は、子どもたちも食べた。母といっしょになって食べた。

「おまえたちは外へ行って糞をしてこい。そうでないとわたしに糞をひっかけるから」

ホロホロチョウの母はそういった。

そうやって、彼女は子どもたちをみな連れて逃げた。

クロエリノガンは子どもらをほっといて、ホロホロチョウといっしょに逃げた。

「なんで子どもらをほっといて行くのだ。あの2人はとんでもないやつらだよ」

ホロホロチョウがそういうので、クロエリノガンは子どもをとりに戻った。

タラー　タ　タ　タ

キ　ツォワ　エ　カオン（わたしの子どもらも逃げろ……ホロホロチョウの真似をクロエリノガンがしている）

ホロホロチョウは子どもらといっしょに逃げた。

クロエリノガンは、「おまえらお2人さん、わたしの子どもを返せ」といって、子どもを取り返しに行ったが、子どもたちともども殺されてしまった。

ホロホロチョウは逃げて親たちのところへ帰っていった。

親たちはいった。「クロエリノガンはどうした。亭主はどうしたのだ」

彼女はいった。

「いやー、夫たちは人食いに殺されてしまった。夫たちを人食いが殺した。それで、わたしは逃げてきた。クロエリノガンも殺されてしまった。わたしが逃げろといったのに、彼女は子どもらをほったらかしにしておいた。子どもらを取り返しにいって、いっしょに殺されてしまった。わたしは子どもらといっしょに逃げた」そういって、それから歌った。

ガラー　タ　タ　タ　タ
キ　カオン　コナ、　キ　ツォワ　エ　カオン（わたしが逃げたように、わたしの子どももうまく逃げおおせた）

ホロホロチョウの母はそういい、さらに歌った。

コラー　コラー　コラー　コラー
キ　クー　コナ、　ハ、　キ　ツォワ　エ　クー（あいつらは、わたしを襲ったように、わ

たしの子どもたちにも襲いかかった）

お話はこんな具合である。

【解説】

ホロホロチョウとクロエリノガンの夫たち二人が狩りに行き、行った先で二人の人食いに出会って、殺されてしまった。皮をそっくりはがされて蒸し焼きにされて食べられた。人食いたちはそれぞれ殺したホロホロチョウとクロエリノガンの皮をまとって、化けた姿で二人の来た道をたどって村に着いた。妻たちは採集に行っていたが、早く帰っていた。それぞれ三人ずついる子どもたちはとても父親になついていて帰りを待ちかねていた。わあ、父さんが帰ってきた。喜んで迎えてくれた。すっかり自分たちの亭主、自分たちの父親だと思っていた。

妻たちはカーン・メロンのお粥を亭主たちに食べさせた。男たちは残っていた肉を出して家族に食べろと差しだした。ホロホロチョウの妻だけが、人殺しが夫を殺して皮をかぶっているのを見ぬき、その肉は食べちゃダメ、それは殺されたお父さんだ、といった。しかしクロエリノガンは聞く耳をもたず、子どもたちと一緒に食べてしまった。ホロホロチョウの妻はここにいては私らもあいつらに捕まって殺されてしまう、と子どもらを連れて逃げだした。クロエリノガンも子どもらをほっておいてついて来ようとしたが、子どもらはどうするの?とホロホロチョウに責められて村まで連れに戻った。そして戻ったところを人食いたちに殺されてしまったのである。

殺人話が続くが、ここでもやはりお話の合間に即興の歌がはいって、お話に花を添えている。

第4章

近年導入された民話

近隣民族から借用したお話

Story. 27

ジャッカルとハイエナ

ジャッカルとハイエナが白人の農場で働き、ヤギを追って世話していた。

報酬に食料をもらった。

ジャッカルは塩とトウモロコシ粉を、そしてハイエナは砂糖とトウモロコシ粉をもらった。

ジャッカルはハイエナをだまして、「砂糖なんか食べものじゃないから、これをとれ」と塩を渡し、砂糖と取り換えた。

ハイエナは練り粥にして食べようと思ったら、「うわー、塩辛い」と吐き出した。

ジャッカルは砂糖を入れて食べたらうまかった。

2人は働いた。長いこと働いた。

ハイエナが言うにはこうである。

「ジャッカルがヤギを盗んで食べた」

ジャッカルは少しだけ食べ、ヤギ囲いの隙間が狭いものだから、ちょっと食べ過ぎ

カッショク・ハイエナは死人の肉を食う嫌われ者。見つけると叩かれ、いじめられる

たら腹が膨らんで出られなくなるから、少しだけ食べて外へ出、柵の外にいた。

そこからハイエナに言った。

「食べろ、食べろ、いっぱい食べろ」

彼、ハイエナは食べた、食べた。腹いっぱいになって出ようとしたら、柵に引っ掛かって、腹がつかえて、つんのめった。

翌朝、白人がやってきて、ヤギを食ったのを見つけると、囲いから出られないハイエナを鞭で打った。さんざん叩いてから、放してやった。

彼は出ていった。ジャッカルのところへやってきて言った。

「腹へったから、一緒に食べようと言って俺をだましたな」

ジャッカルは言った。「いやいや、俺はそんなこと言ってない。お前が勝手に食ったんだ」

ジャッカルが殺して、一緒に食べようと言ったのに、彼はだましたのだ。

白人が来たとき、「こいつが殺して食った。いっぱい食って腹が膨れて出られないのだ」そう嘘をついた。

2人はトラックの轍に沿って歩いていった。砂が深いので、轍が2本、レールみたいに続いているのだが、「そこへ寝転んで一休みしていこう」とジャッカルが言った。

2人は横になった。

トラックがやってきて、2人の直前で止まった。

ジャッカルは素早く起き上がって逃げたが、ハイエナは腹いっぱいでもたもたしていて捕まってしまった。

「でかい腹をして、お前がヤギを盗んで食ったのだな」

ハイエナはまたもや鞭で叩かれて懲らしめられたのである。

Story. 28

ニワトリとジャッカル

このようにお話しをしよう。

彼、ニワトリが言った。

「私はこの足を切り取ってガレージ（修理工場）に持っていった」

彼はこんなふうに片足を上げてやってきたのである。

彼、ジャッカルは言った。

「どこへ、お前、足を。お前の片一方の足を、持っていったのだ」

「エー、私はそれをガレージに持っていったんだ」ニワトリはいった。

「そんなら私のも同じようにしてガレージに持っていってくれ」

ジャッカルがニワトリにそう言った。

彼は斧をとりあげ、足を斧で切った。

それを持っていった。彼の言ったとおりに。

朝になり、そして夕方になると、ニワトリは2本の足で、つまり両方の足で歩いていた。

ジャッカルは両足では歩けなかった。彼は言った。

「エ、お前、お前は足がついている。なのに、俺をだまして、俺のを切ってしまったな。1本しかない。俺のは」

「いやいや、そう言うな。そんなふうに言ったら、私はこの赤いトサカでお前を焼き殺してしまうぞ」

こう言って否定した。そして言った。ニワトリはここんところ、彼の脇の下、すなわち翼の内側へ頭を突っ込んで、そこからものを言った。

「アエ、頭、お前の頭は?」

ニワトリはジャッカルに言った。

「私の頭、私は頭をガレージに送った」

ジャッカルは言った。

「そんなら私のも切りとってもっていけ」

ニワトリは切った。彼の頭を切りとった。そして捨ててしまった。

夕方になって、ジャッカルがやってきた。ニワトリは頭を出しており、そこにはトサカもついていた。ジャッカルが言った。

「どれ、そいつに触ってどんなのか見てやろう」

ニワトリは言った。

「熱いぞ。私はお前を焼き殺してしまうぞ。まっ赤なトサカで」

ニワトリは引き返して寝た。

それでジャッカルも寝た。やがて、

「どれ、起きてやろう」ジャッカルがいい、
彼は起きあがって、そっと手のひらでトサカに触ってみると、冷たい。触っても冷たかった。

「エエ、お前、俺を焦がすから、近くに座ってはいかん。そう言ったな。オー、俺はやってみた。冷たかった。おのれ、嘘をついたな」

こういった。ジャッカルはそう言ったのだ。

「ジャッカルはみな盗んで食ってしまう」

ニワトリはみんなに相談して、話しあった。

「裁判にかけよう。裁判にみんな参加し、ジャッカルを切り裂いて本当に殺してしまおう」

そう言って、人びとは話しあい、気勢を上げた。

ジャッカルは1人だけだった。

ジャッカルを真ん中に座らせ、人びとは裁判を進め、話しあった。

「お前は何でもかんでも盗んでまわり、それでもまだ生きて盗みをつづける」

人びとはお前を永久に殺してしまいたいと願った。

「お前は、俺が登っていったら巣の中の雛をみな食ってしまうから、1匹だけ寄こせと、ナマックアバト（鳩）をだまして、その子を食べた。そうやって、なんでも食いつくしてしまった。何の理由があって、お前は人の子どもを食うのか。切り裂いてしまえ。みんなが話しているとおりに」

人びとはお前を殺してしまいたいと、みなで話しあっていた。

大勢のニワトリたちが座って話し合い、ジャッカルを真ん中に座らせていた。斧を取りだして、そいつに首を前に垂らすように言った。

ジャッカルは頭を前に突きだし、彼らはエイッと切った。斧で頭を切りはなした。

彼は完全に死んでしまったのである。

【解説】

ジャッカルが登場するお話が二つ続きました。

第27話は、最近になって白人農牧場が出来てから、作られたお話である。とくに解説の必要もない単純なお話であるが、身の軽いほっそりしたジャッカルと、でっぷりと不格好で人の死体をも掘り返して食べる嫌われ者のハイエナの様子を如実に描き、悪がしこいジャッカルの騙してばかりいる仕草を説明する物語である。

第28話はツワナ人の絵本に載っているお話を読んだ人が紹介しているものである。人を騙したり、物を盗んだりばかりしているジャッカルが、ここではニワトリに騙されて足を切られたり、頭を切られたりする。最後には皆の前で裁判にかけられ、日ごろの悪行を暴き立てられて、結局は斬首の刑に処せられる。そんなツワナ人のお話も人びとが楽しんで聞く世の中になりつつあるということを紹介した。

Story. 29

ウサギとクモ

カムツォワゴ（クモ）とジューバツォワゴ（ウサギ）がいた。

ウサギは言った。

「一緒に登っていってあそこを訪れよう、空の上にいる人びとを訪ねて。お前はながーいのを作れるんだから。糸をもっている。長い長い糸を」

クモは長い糸を作れるから、雨が降ろうとも、彼は木から木へ、遠くにある木と木の間でも往復していって糸を張ることができる。

2人は張っていった糸を頼りに登っていった。登って登って、そして到着した。あそこへ。

空の上に着いたら、人びとは2人に食べものを分け与えた。

しかし、ウサギは食べものを独り占めしてクモにはやらなかった。そして1人でむしゃむしゃむしゃむしゃとみな食べてしまった。

一緒に人びとのところに訪問したので、彼らは2人に食べものを振る舞ってあげたのに、ウサギはクモに食べものをハエー（xaee 食物を分け与えないこと）した。

ウサギのやったことである。彼は食物をクモには分配しなかった。まったくハエーしたのである。

「俺はお前をほおっておいて1人で帰る。お前はとんでもないことをするから」

「俺は帰る。糸をプップツ、プップツと切って」

クモはそう言って降りた。彼は糸をプツプツ、プツプツと切りながら降りていって、妻のところへと帰った。

帰ってきてずっと妻とともに暮らしていた。

ウサギも、彼は空の上の村に住んでいた。

2人はそうして長いあいだ暮らしていたのである。

ある日、ウサギはあっちを出て下界へ帰ってこようとした。彼は大きな長いクサリのようなものを胸に抱えてそれにぶら下がりながら降りてきた。

まだずっと高いところでクモに向かってウサギは叫んだ。

「敷物を、敷物をもってきて地面に張り渡してくれ。食べものを、村人がくれた食べものをその上に投げ落とすから、それを食べろ」

クモは言うことを聞き、立っていって敷物をもってきて張り渡してやった。

ウサギは、あの高いところから落ちてきて骨を折るのをおそれ、また木の幹が彼を突き刺して大怪我をしたりするのをおそれて、クモをだましたのである。そしてクモに布を敷かせた。彼は鎖のようなものが尽きてなくなったあの高いところから、こんなふうに手で胸を抱きしめるようにしながら、くるくる回りながら落ちてきた。彼は布のところまでくると真っすぐに降りたった。布の中にである。

クモは、ウサギが言っていたもの、食べものなんか見つけることはできなかった。

「エエ、なんとお前は俺をだましたのか。俺はちゃんと敷物を広げて張ってやったのに。食べものをくれよ」

クモはわめいたが、ウサギは嘘をついて地面に降り立ったのである。

そしてウサギは家に帰ってきた。穴の中の彼の家に住んでいるのだった。

食べものを投げ落としてやるからと嘘をついて敷物を敷かせたのになにもくれず、クモは座ってわめいていた。

そんなふうにウサギは嘘ばかりついて人を馬鹿にし、気分を悪くさせて穴の中の家に帰ってしまった。

クモはそこにとどまって住んでいた。妻と2人で。

【解説】

これはツワナ人たちが語るお話からの借用である。どこの世界に行ってもウサギはいたずら者のペテン師で名を売っているのである。

アフリカの人びとの民話に登場するいたずら者は、ウサギとハイエナとクモであるが、南部アフリカに広く分布するいずれのブッシュマンたちも、彼らが語る民話には不思議にクモは登場しないといわれている（メガン・ビーゼリー　私信）。グイやガナが語るこのクモのお話はおそらくツワナ人から取り入れたものである。

白人農牧場がハンシー地区にできてから作られた、あるいはハンシーに住むナロから借用した「ジャッカルとハイエナ」の話、ツワナ人からの借用である「ニワトリとジャッカル」の話、そしてこの「ウサギとクモ」の三つの短いお話を第4章に収録したが、やはりブッシュマンたちが独自に語りついできた、狩猟と採集の生活を基にした昔話とはだいぶ趣が違っているように思われる。

あとがき

一九世紀におけるケープタウンのブッシュマン神話

ブッシュマンは、まえがきでも触れたように、四、五万年も前から南部アフリカ一帯に住みつづけてきた。しかし彼らが語りついできた民話はほとんど残されずにきてしまった。ブッシュマンが文字をもたず、大人から子どもたちへと語りつぐ以外にはそうした寓話や神話が受け継がれていく方法はなく、カラハリ砂漠に追い詰められて残った十数個の方言グループを除いて、オレンジ川以南に分布していたブッシュマンは消滅してしまい、民話などの口頭伝承はすべて失われてしまったからである。

現在も残されているもっとも古い民話は一八七〇年代にケープタウンの刑務所に服役していたカム（/Xam）語族の囚人であったカボ（//Kabo）ほか数人によって、言語学者であり民族学にも造詣の深かったW.H.I. BleekおよびL.C. Lloydに語られ、英訳されたものである。(Bleek, W.H.I. 1873. Bleek, W.H.I. 1875. Bleek, W.H.I. & Lloyd, L.C. 1911. Skotnes, Pippa 1999.)

カボたちが語ったお話ではカマキリが重要な登場人物として登場し、ハーテビーストの姿になったり、ヒの姿で現れたりして活躍する。

その後、数十年後に南アに生まれ、ブッシュマンの血を引く乳母に育てられて、自然社会の面影を残しつつ滅びゆくブッシュマンにあこがれ、また自分たち白人侵略者によって消滅しつつあるブッシュマンに対する自虐の念に駆られもして、カラハリ砂漠を広く探検し、生き残りのブッシュマンを訪ね、彼らの民話もいくつか収集したローレンス・ヴァン・デル・ポストによる著作がある。(L・ヴァン・デル・ポスト作、佐藤喬・佐藤佐知子訳、一九七〇『カラハリの失われた世界』。L・ヴァン・デル・ポスト作、由良君美訳、一九八三『ブッシュマンの詩』。L・ヴァン・デル・ポスト作、秋山さと子訳、一九八七『カマキリの讃歌』)

ヴァン・デル・ポストもブリークの収集した民話を最大限に取り入れながらカラハリ南部のブッシュマンたちの生活と民話の復元に努力し、古代の人びとにとってカマキリがいかに偉大であったかを語っている。私が中央カラハリで採集したピーシツォワゴがダチョウから火を盗んで人びとに与えた話(第1話)は、ずっと南に住んでいた人びとの話ではカマキリこそがピーシツォワゴに相当する地位を与えられているのである。

ハーテビースト、菅原和孝・撮影

一九五〇年にヨハネスブルグで生まれ、大学でアフリカ民話の研究を行なったマーグリート・ポーランドが著した本『カマキリと月』の挿絵を見てもわかるように、カマキリの顔は贅肉がなくスリムで頬骨と顎が突き出ていて、そう言われてみれば確かにブッシュマンの顔に似た感じがしないではない。

また、ヴァン・デル・ポストによれば、ハ

ーテビーストの顔や角もまたカマキリに似て細長く、ブッシュマン自身に似ていると同時に、角の形がカマキリの前足のように祈りをささげている姿のようだといい、ケープタウンのカボたちが述べた神話を支持している。

これらの人びとは、カマキリはブッシュマンにとって創造の始原の霊であって、神と呼ばれるべきものであると言っている。カマキリが起き上がって前足を折りたたんでいる姿は神に祈りをささげているのだとする解釈が当時はなされているのだが、果たしてそれが真実なのかどうかはわからない。現在のカラハリ砂漠に住むブッシュマンたちはカマキリのことをピーシボロと呼んでおり、ピーシはピーシツォワゴとどのように関係するのかと尋ねても、カマキリのピーシボロはカミサマや精霊のピーシツォワゴとはまったく無縁な、単なる虫であり、いかなるものに対しても祈りをささげるというような行為はあり得ないと答えるばかりであった。おそらく一九世紀以前の人びとはブッシュマンさえも白人の持ちこんだキリスト教に何らかの影響を受けており、カマキリのこのような様子が神に祈りをささげている姿に見えたのではないだろうか。

一九五〇年代前半に中央カラハリを調査旅行したトーマスは、私の調査したカデ地域(vix頁地図)より一〇〇キロあまり東部に住むグイ・ブッシュマンのところにしばらく住みこみ、そこの人びとがカミサマ(造物主)のことをピシボロと呼んでいることを報告している。しかし、ピシボロがカマキリのことだとは訳していない。(トーマス、E・M〔荒井喬訳〕一九七七)

一九七一年から北部ブッシュマンのジュツワの民話研究を行なったメガン・ビーゼリーは現存のブッシ

カマキリ(提供:Pixabay)

ュマンにはカマキリを神とあがめる信仰はなく、一九世紀当時のケープのバントゥ諸族では、そうした信仰がポピュラーであったことから、カマキリ信仰はおそらく近隣バントゥからブッシュマンが取り入れたものであろうと論じている。(Biesele, Megan 1993)

定住化政策にともなう社会文化変容

一九七九年になって、ボツワナ政府は遠隔地住民開発計画のもと、カラハリ砂漠の奥地に住んでいたブッシュマンについても定住化、近代化を推し進める施策を実施しはじめた。深い井戸からディーゼル・エンジンのポンプで地下水を汲み上げ、小学校、診療所を作って、その周りに人びとをみな呼び寄せる施策を開始したのである。少人数で頻繁に移動することにより成りたっていた狩猟採集生活は、定住化に伴って四〇〇人、五〇〇人もの人びとが集う集住生活となり、生活基盤は根底から否定されることになった。主食としていた植物はたちまち払底し、人びとは政府から定期的に支給される配給の食料に依存して暮らさざるを得なくなった。

一九九七年にはボツワナ政府は、グイ、ガナの人びとをセントラル・カラハリ・ゲーム・リザーブから約七〇キロ離れたブッシュフェルトに定住地区画を移し、食料配給に加えて牛を各家族に分与し、移住手当として相当額の現金を配布することを条件に、かなり強引にブッシュマンたちの再移住を促した。牛の供与と移住手当の現金に魅せられて一部の人びとが政府の勧告にしたがって移住をはじめると、残った人びとも次々と移住の波に乗っかり、数か月のうちにリザーブの故地であるカデ地域を捨て、新定住地コエンシャケネ(政府はニューカデと名付けた)には一五〇〇人にも達する大集落が出来上がった。

牛、ヤギを供与し、トウモロコシ、モロコシ、ササゲなどの栽培を奨励し、建設工事や道路工事などに現地人を雇いあげて、小さいながらもコープ形式の店舗を作って、現金経済の普及を促した。牛は一千頭を超える数になったが、千人以上の集落では一人当たり一頭にも満たず、畑の収穫もこの半砂漠の気候ではほんの一時期の食料の足しにしかならず、人びとは相変わらず配給食糧と年寄りへの年金に頼って生活することを余儀なくされた。

先住民族に先祖伝来の土地の権利や民族自決権などを認めるべきだとする主張は、一九八〇年代から世界的に勢いを増してきており、国連総会は一九九五年から一〇年間を「世界の先住民の国際一〇年」と定める決議を行なった。そしてついに、二〇〇七年九月一三日には国連総会は「先住民族の権利に関する宣言」を、米国、カナダ、オーストラリア、ニュージーランドの反対を押し切って、賛成一四三、棄権一一で採択した。

先住民族の権利に対するこのような国際世論の高まりをおおきく反映して、ボツワナ高等裁判所は二〇〇六年一二月に、政府がリザーブの住民を本来の居住地から移住させ、再びリザーブへ立ちもどることを禁じていることに対し、土地権、居住権を侵害しているものとして、憲法違反である旨の判決を下した。敗訴したボツワナ政府は、いまや野生生物局の事務所だけが置かれている旧カデの井戸のところに居住地を復活させる考えはまったくないので、リザーブ内に戻った人には食糧配給や医療、教育その他いっさいの便宜やサービスは行なわない旨を通達した。リザーブ内での土地権を回復した人びとも、水、食料の供給や医療その他の福祉サービスを受けるのに長年慣れてきてしまっている現在、三〇年近く逆戻りして遊動的狩猟採集生活に立ちもどろうと決断するのはむずかしいことであった。

政治、経済のグローバリゼーションの浸透とボツワナ政府による定住化、近代化政策のもとに、カラハリの原野に住むブッシュマンの社会が大きく変容をきたしてきたのは事実であるが、一方ではブッシュマンの側からの積極的な動きが起こっていることについても述べておく必要がある。小学校を卒業して、なお向学心に燃えた生徒は最寄りの町ハンシーにある中学校へ進学し、少なからぬ若者たちは中学校卒業後、ハンシー周辺の観光業に就いているもの、首都ハボローネの専門学校やボツワナ大学、あるいはナミビアの首都ウインドフックのナミビア大学でさらなる勉学を続け、それぞれの分野で活躍するものも増えてきている。さらに留学生として、あるいは外交官になったりして海外に出向いて活躍する人たちも徐々に増えつつあるのが実情である。

カデ地域の南端部で一九六八年に生まれたクエラ・キエマはボツワナ大学とナミビア大学で社会学士の学位をとり、ハンシーの町でブッシュマン文化・芸術振興団体の副所長を務めているが、二〇一〇年にはリザーブ育ちのブッシュマンとしては初めての英文の単行本『セントラル・カラハリ・ゲーム・リザーブのブッシュマン住民の社会変動史』を著した。この本はブッシュの中で生まれ育った著者が自らの経歴を記し、生まれ故郷への愛着を示すとともに、ボツワナ国家の中の少数民族として様々な差別を受けながら変化してきたことを告発し、世界に発信したものである。(Kiema, Kuera 2010)

また、リザーブ東部を出身地とするガナの男性、レーパング・ツィシモホとハンシー地区デカール生まれのナロの男性、サウル・アイザックの二人はボツワナ大学院生で、言語学を専攻しており、ボツワナの教育制度、とくにブッシュマン社会の歴史、文化、言語を認めようとしないこの国の教育政策に批判的な立場からコイサン言語の保存を呼びかけている。ガナ語、グイ語、ナロ語などの辞書を作り、自分たちの社会や文化、歴史、言語を形のあるものとして後世に残していってくれるのは素晴らしいことである。そうした努力の結果は、狩猟採集時代の生活を将来にも形として残し、伝統的なブッシュマンの民族としての自信と誇りをいつまでも持ちつづけるためにもなくてはならないことである。

本書で一部とはいえ書きとめてみた、いままでに語りつがれてきた神話や寓話、怪談話などなどの民話文芸を私は英訳して国際的に発信することをまえがきで述べたが、まだ移動しながら狩猟採集の生活をしていた時代をしっかりと覚えている人びとが健在な間に、民話は言うに及ばず、かの時代の生活、文化や社会の在りようをより広く、そしてより正確に、文字情報として末永く保存していくためにもおおいに期待されるところである。

謝辞

一九六六年から二〇一一年までの四五年間に私は三〇回アフリカへ通いつめ、正味八〇か月はブッシュマンのところへ住みついて調査研究を行なってきた。とくにセントラル・カラハリ・ゲーム・リザーブ中のカデ地域で付き合ってきた二〇〇人余りの人びとには常々ご迷惑をかけてきたにもかかわらず、快く受け入れてもらい、お世話をしていただいた。とりわけ一九八〇年代以降に私の調査助手として手伝ってくれた男たち、ギュベ、ダオグー、トーノー、キレーホの四人は年長者たちが語る民話を、言葉にハンディをもつ私にも分かるように懇切に、平易な言い回しでテープに吹き込んでくれたし、後々それを繰り返し一緒に聞いてもらいながら、一節ずつ説き聞かせてくれた。テープの聞き起こしには頭の回転がよく、発音の明瞭なトーノーにことさらお世話になった。今は亡きダオグーとトーノーには特に感謝申し述べたい。

この度の民話の本の出版に際しては、お話の内容をより良く理解していただくために多くの写真を掲載した。ほとんどの写真は私が自分で撮影したものであるが、動物写真の多くをアフリカ研究の仲間である方々からお借りした。菅原和孝、高田明、丸山淳子、藤岡悠一郎、波佐間逸博、孫暁剛の諸氏からお借りしたし、妻憲子が撮影したものもある。人びとの語りや行動を詳しく分析したのち、民族動物学にも深く傾注した菅原君からは特に多くの貴重な写真を提供していただいている。また、第3章中の怪人、首の後ろに口をもつアウチの絵は古くからの友人である霊長類研究者の竹中晃子さんに依頼して描いていただいた。これらの方々みなさまに心からお礼を申し上げる。

本書の出版については、多くの写真、地図や絵画などを適切に配置し、細かなところまで編集にかかわってくださった京都大学学術出版会の大橋裕和氏にお世話になりました。どうもありがとうございました。

二〇一九年八月一六日

安曇野市穂高にて

田中二郎

参考文献

阿部年晴　一九六五『アフリカの創世神話』岩波書店，東京．

Biesele, Megan 1976 "Aspects of !Kung Folklore" In Richard B. Lee and Irven DeVore (eds.) *Kalahari Hunter-Gatherers: Studies of the !Kung San and Their Neighbors*. Harvard University Press, Cambridge Mass., and London.

——— 1978 "Religion and Folklore" In Phillip V. Tobias (ed.) *The Bushmen: San Hunters and Herders*. Human & Rousseau, Cape Town and Pretoria.

——— 1990 *Shaken Roots*. An EDA Publication, Marshalltown.

——— 1993 *Women Like Meat: The folklore and foraging ideology of the Kalahari Ju/'hoan*. Witwatersrand University Press, Johannesburg.

——— (ed.) 2009 *Ju/'hoan Folktales: Transcriptions and English Translations*. Trafford Publishing, San Francisco.

Bleek, W.H.I. & L.C. Lloyd 1911 *Specimens of Bushmen Folklore*. George Allen & Company, LTD, London.

Dorst, Jean & Pierre Dandelot 1993 *Larger Mammals of Africa*. Harper Collins Publishers, London.

Holm, Eric & Elbie de Meillon 1995 *Insects of Southern Africa*. Struik Publishers, Cape Town.

How, Marion Walsham 1970 *The Mountain Bushmen of Basutoland*. J.V. VanSchik LTD., Pretoria.

Kiema, Kuera 2010 *Tears for My Land: A Social History of the Kua of the Central Kalahari Game Reserve, Tc'amnqoo*. Mmegi Publishing House, Gaborone.

Kuru Art Project, no data. *Kuru Art Project: San Arts and Crafts*, Botswana.

Kuru D'kar Trust and Naro Language Project, no data. *Nco̲a ne khoe ne di huwa ne: San stories in Naro and English 1 & 2*. D'kar San Museum / Naro Language Project in Botswana, Botswana.

Meyer, C. T. Mason, P. Brown (dir.). 1996. *Contemporary San Art of Southern Africa: Kuru Art Project of D'kar, Botswana*. S. I.: The Artists' Press.

Newman, Kenneth 1989 *Birds of Botswana.* Southern Book Publishers, Cape.
小川了　一九八五『トリックスター――演技としての悪の構造』海鳴社、東京.
パリンダー、ジェフリー（松田幸雄訳）一九九一『アフリカ神話』青土社、東京.
ポーランド、マーグリート（さくま　ゆみこ訳）一九八八『カマキリと月――南アフリカの八つのお話』福音館書店、東京.
Radin, Paul (ed.) 1952 *African Folktales.* Schcken Books, New York.
Schapera, I. 1930 *The Khoisan Peoples of South Africa: Bushmen and Hottentots.* Routledge & Kegan Paul LTD, London.
Scheepers Catharina (dir.). 1991. *Contemporary Bushman Art of Southern Africa: Kuru Cultural Project of D'Kar, Botswana.* S.I.: Die Republikein Printers.
Skotnes, Pippa (ed.) 1996 *Miscast: Negotiating the Presence of the Bushmen.* University of Cape Town Press. Cape Town.
Silberbauer, G.B. (1965) *Report to the Government of Bechuanaland on the Bushman Survey.* Bechuanaland Government, Gaborone.
Stoknes, Pippa 1999 *Heaven's Things: A Story of the /Xam.* LLAREC. Cape Town.
菅原和孝　一九九九『もし、みんながブッシュマンだったら』福音館書店、東京.
――　二〇一五『狩り狩られる経験の現象学――ブッシュマンの感応と変身』京都大学学術出版会、京都.
田中二郎　一九九四『最後の狩猟採集民――歴史の流れとブッシュマン』どうぶつ社、東京.
田中二郎　二〇一七『アフリカ文化探検――半世紀の歴史から未来へ』京都大学学術出版会、京都.
トーマス、E・M（荒井喬訳）一九七七『ハームレス・ピープル――原始に生きるブッシュマン』海鳴社、東京.
ヴァン・デル・ポスト・L（佐藤喬・佐藤佐智子訳）一九七〇『カラハリの失われた世界』筑摩書房、東京.
――（由良君美訳）一九八三『ブッシュマンの詩』思索社、東京.
――（秋山さと子訳）一九八七『狩猟民の心』思索社、東京.
――（秋山さと子訳）一九八七『カマキリの讃歌』思索社、東京.
山口昌夫　一九七一『アフリカの神話的世界』岩波書店、東京.

一般事項

登場する植物たち

（　）内はブッシュマンがつけた名前です。

神様や怪物たち

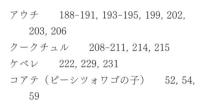

索引

登場する動物たち

（　）内はブッシュマンがつけた名前です。

田中二郎（たなか　じろう）

1941年京都生まれ。京都大学理学部卒業。東京大学大学院社会学研究科博士課程中退。理学博士。京都大学霊長類研究所助教授、弘前大学人文学部教授、京都大学アフリカ地域研究センター、アジア・アフリカ地域研究研究科教授を歴任。京都大学名誉教授。

専門は人類学、アフリカ地域研究。狩猟採集民ブッシュマン、ムブティ・ピグミー、遊牧民レンディーレ、ポコットなどを対象とした生態人類学的研究をおこなってきた。

主な著書に『ブッシュマン、永遠に。――変容を迫られるアフリカの狩猟採集民』（昭和堂、2008年）、『アフリカ文化探検――半世紀の歴史から未来へ』（京都大学学術出版会、2017年）などがある。

ブッシュマンの民話　©Jiro TANAKA 2020

2020年1月10日　初版第一刷発行

採録・解説　田　中　二　郎

発　行　人　末　原　達　郎

京都大学学術出版会

京都市左京区吉田近衛町69番地
京都大学吉田南構内(〒606-8315)
電　話（075）761-6182
FAX（075）761-6190
Home page http://www.kyoto-up.or.jp
振　替　01000-8-64677

ISBN978-4-8140-0249-8
Printed in Japan

印刷・製本　亜細亜印刷株式会社
装丁　森　華
定価はカバーに表示してあります